Diabetiker-Kochbuch

365 Tage Die leckersten Rezepte, inkl. Ratgeber: Wie Sie mit einer zuckerfreien-/ bzw. Low-Carb-Ernährung endlich Ihre Diabetes Typ 2 heilen ... senken

Mandy Werner

Table of Contents

Einleitung

Als Diabetiker müssen Sie nicht auf leckeres Essen verzichten. Ganz egal ob es zum Frühstück, zum Mittagessen, beim Kaffeetrinken oder beim späten Abendessen ist. Es gibt für jeden Zeitpunkt Gerichte, bei denen Sie bedenkenlos zuschlagen können. Damit Sie nicht lange suchen müssen, habe ich für Sie 150 leckere Rezepte zusammengestellt. Es ist für Jeden etwas dabei.

In Band 1 finden Sie Rezepte für 200 leckere Gerichte. Sie finden in meinem ersten Buch „Band 1" Rezepte für Frühstücksgerichte, Hauptmenüs und Desserts. Schauen Sie da einmal rein.

In diesem zweiten Band haben wir Ihnen weitere 150 leckere Rezepte zusammengestellt. Diesmal haben wir uns auf Hauptgerichte konzentriert. Sie finden in diesem Buch die Rezepte von 30 Hauptgerichten mit Fisch, die Rezepte von 30 vegetarischen Gerichten und weitere 90 Rezepte von Gerichten mit Fleisch und Wurst. Zu allen Gerichten finden Sie eine Liste der Zutaten und eine leicht verständliche Beschreibung der Zubereitung vor. Natürlich fehlen auch die Nährwertangaben nicht. Sie sind bei jedem Gericht klar ersichtlich aufgelistet. Sie sehen auf einen Blick, wie viele Kohlenhydrate, wie viel Eiweiß und wie viel Fett in einem Gericht enthalten ist.

Neu ist die Lebensmittelampel. Mit ihr können Sie sich leicht orientieren, welche Lebensmittel für Diabetiker geeignet sind und welche weniger. Sie können an der Lebensmittelampel auch sehen, welche Lebensmittel Sie bei viel Bewegung und Sport ohne Bedenken zu sich nehmen können und welche Sie eher verwenden sollten, wenn Sie wenig oder gar keinen Sport treiben und vielleicht auch einer Arbeit nachgehen, bei der Sie viel sitzen.

Ernährungsampel für Diabetiker

Abwechslung beim Essen bedeutet, die eigene Gesundheit zu erhalten, das Abwehrsystem des Körpers zu stärken und dafür zu sorgen, dass man sich immer gesund und gut fühlt. Viele Nährstoffe in unseren Gerichten sorgen für ein starkes Immunsystem. Man fühlt sich stark, munter und ist leistungsfähig und ausdauernd. Mit einem starken Immunsystem beugt man Krankheiten vor und baut ein gutes und starkes körpereigenes Abwehrsystem auf. Man verbessert seine Blutzuckerwerte und behält diese für eine längere Zeit. Blutzuckerspritzen nach einer Mahlzeit werden so unterbunden. Die Nahrungsmittel für die Zubereitung der Gerichte werden nicht extra ausgewählt, sondern richten sich nach der normalen, gesunden Lebensweise ohne Zuckerkrankheit.

Welche Nahrungsmittel hierbei richtig oder falsch sind, hängt von unterschiedlichen Gesichtspunkten ab. Dazu gehören das Alter, die eigene Gesundheit und das Geschlecht. Wenn Sie viel Bewegung in Ihrem Alltag haben, sich sportlich betätigen, Fahrrad fahren, viel laufen, dann benötigen Sie mehr Energie. Haben Sie einen etwas ruhigeren Alltag, eine sitzende Tätigkeit und üben Sie keinen oder nur wenig Sport aus, benötigen Sie weniger Energie. Nehmen Sie viel Obst, Gemüse, frisch zubereitete Salate, Hülsenfrüchte, Vollkorn-Nahrungsmittel, Reis, Nudeln und fettarme Milchprodukte zu sich. Und warum gerade diese Lebensmittel und keine anderen?

Gemüse, Hülsenfrüchte und Kartoffeln können unbeschwert genossen werden. Sie sind Bestandteile vieler Salate und Gemüsegerichte. Sie enthalten kaum Zucker und keine Fette. In Hülsenfrüchten und Kartoffeln sind sehr viel Stärke, Wasser und Ballaststoffe enthalten. Auch diese Stoffe sind für unsere Gesundheit und ein gesundes Immunsystem wichtig.

Beim Verzehr von Obst und Früchten gilt es zu beachten, dass in diesen Nahrungsmitteln sehr viel Fruchtzucker enthalten ist. Das erhöht den Blutzuckerspiegel. Aber es sind hier auch viele Ballaststoffe enthalten. Möchten Sie den Blutzuckerspiegel etwas im Auge behalten und dafür sorgen, dass er nicht zu hoch steigt, nehmen Sie wenig Obst und Früchte zu sich. Aber dafür öfter. Kleine Mengen während eines längeren Zeitraumes sind gut für Sie.

Nahrungsmittel aus Getreide sollten Sie täglich zu sich nehmen. Vollkorn-Getreideprodukte sättigen gut und senken den Blutzuckerspiegel. In Vollkornprodukten ist Stärke enthalten. In Verbindung mit den vielen Ballaststoffen wird das Erhöhen des Blutzuckerspiegels verlangsamt.

Milch und Milchprodukten sagt man eine gesunde Wirkung nach. Doch der enthaltene Milchzucker treibt den Blutzucker nach oben. Aus diesem Grund ist es ratsam, nur kleine Mengen Milch und Milchprodukte zu sich zu nehmen. Auch hier können Sie dies öfter am Tag tun. Wenn Sie dagegen Magerquark und Käse mögen, können Sie bedenkenlos zugreifen.

Der Pegel des Blutzuckerwertes im eigenen Körper wird durch die Einnahme von Fleisch und Eiern nicht beeinflusst. Sie können bedenkenlos zugreifen. Nur bei paniertem Fleisch müssen Sie sich etwas zurückhalten.

Beim Genießen von Fisch- und Meeresfrüchten wird der Pegel des eigenen Blutzuckerwertes ebenfalls nicht beeinflusst. Auch hier können Sie bedenkenlos zugreifen. Nur bei paniertem Fisch gilt es etwas aufzupassen und nicht zu viel davon zu verzehren.

Bei süßen und salzigen Produkten müssen Sie vorsichtig sein. Bei vielen Produkten aus diesen beiden Kategorien gilt daher, besser verzichten. Süßigkeiten enthalten, wie der Name bereits verrät, viel Zucker. In Torten, Kuchen, Schoko-Produkten ist viel Fett enthalten.

Dieser Bestandteil sorgt für einen langsamen Anstieg des Blutzuckerpegels. Dafür ist der Anstieg über eine längere Phase. Salzhaltige Nahrungsmittel sorgen ebenso für einen nach oben kletternden Blutzuckerpegel. Nehmen Sie nur wenige dieser Nahrungsmittel zu sich. Tritt bei Ihnen eine Unterzuckerung auf, greifen Sie schnell zu Süßigkeiten mit wenig Fett. Diese Süßigkeiten treiben den Blutzuckerwert sehr schnell nach oben.

Bei der Auswahl der Getränke ist der Griff zu Mineralwasser, Leitungswasser oder Tee ohne Zucker eine gute Wahl. Getränke mit einem bestimmten Zuckergehalt sollten nicht oder nur in geringen Mengen zu sich genommen werden. Möchten Sie einen Saft trinken, so achten Sie darauf, dass dieser einen Fruchtsaftgehalt von 100 % besitzt. Soft-Getränke mit einem gewissen Prozentsatz von Zucker sollten Sie nicht trinken. Eine Ausnahme gibt es jedoch: Bei einer Unterzuckerung ist das Trinken eines Getränkes mit Zucker eine gute Entscheidung. Der Blutzucker wird so schnell nach oben gedrückt und die Unterzuckerung ist vorbei. Soft-Getränke in denen Süßstoff ein Bestandteil ist, Kaffee und Tee können bedenkenlos zu sich genommen werden.

Der Genuss von Alkohol kann schnell zu einer Unterzuckerung führen. Das kann auch erst um einiges später geschehen, als sie gerade ein paar Gläschen zu sich genommen haben. Verzichten Sie auf den übermäßigen Genuss von Alkohol. In kleinen, überschaubaren Mengen und beim Essen können Sie auch Alkohol zu sich nehmen. So müssen Sie auf Festen, Feiern und an Feiertagen nicht komplett darauf verzichten.

Eine Hilfe bei der Auswahl der Nahrungsmittel und Produkte, die man zu sich nehmen kann, ist die Ernährungsampel. Mit dieser werden Produkte in die Kategorien „viel Bewegung", „mittlere Bewegung" und „wenig Bewegung" aufgelistet. Sie ist eine gute Orientierung. Rot heißt, diese Produkte sind nicht geeignet. Orange bedeutet, wenig geeignet und bei grün können Sie ohne Bedenken zuschlagen.

GETREIDEPRODUKTE

Wenig Bewegung	Mittlere Bewegung	Viel Bewegung
Knäckebrot	Cornflakes (ohne Zucker)	Teigwaren hell
Knäckebrot mit Ölsamen	Haferflocken	Croissants (mit Schokolade)
Vollkornbrot mit Leinsamen	Müsliriegel	Toastbrot
Müsli ohne Zucker (mit Früchten)		Cornflakes (mit Zucker)
Vollkornprodukte		Toast
Weizenmischbrot		
Körnerbrot		

BEILAGEN

Wenig Bewegung	Mittlere Bewegung	Viel Bewegung
Hartweizenspaghetti	Nudeln	Bratkartoffeln
Nudeln aus Vollkorn	Kartoffelbrei	Pommes
Reis aus Vollkorn	Kartoffeln (gekocht)	Rösti
	Kartoffelsalat mit Dressing	Kartoffelpuffer
	Kartoffelknödel	Kartoffelauflauf
		Kartoffelsalat mit Mayonnaise

MILCHPRODUKTE & EIER

Wenig Bewegung	Mittlere Bewegung	Viel Bewegung
Fettarme, zuckerfreie Milchprodukte	Frischkäse (mehr als 45 % Fett i. Tr.)	Eigelb
Milch mit 1,5 % Fett, Molke	Käse mit weniger als 45 % Fett i. Tr.	Fettreiche Hartkäsesorten mit mehr als 45 % Fett i. Tr.
Buttermilch mit Fruchtzubereitung	Vollmilch (3,5 % Fett)	Fruchtjoghurt (mit Zuckerzusatz)
Fettarmer Käse (weniger als 30% Fett i. Tr.)	Quark mit Kräutern	Sahne (Sprühsahne)
Fettarmer Joghurt (1,5 %)	Eiweiß	Kondensmilch
Magerquark		Crème fraiche

FLEISCHWAREN & WURSTWAREN

Wenig Bewegung	Mittlere Bewegung	Viel Bewegung
Mageres Fleisch	Hähnchenleber	Fleischwurst
Geflügel (ohne Haut), Putenbrust, Hähnchenbrust	Kochschinken	Hähnchenflügel

mageres Schweinefleisch	Schweinekotelett, natur	Salami
mageres Rindfleisch	Geflügel (mit Haut)	Schaffleisch
reines Muskelfleisch	Wild	Schaschlik mit Soße
		Schinkenspeck
		Schweinebraten
		Fleisch- und Geflügelaufstrich
		Leberkäse

FISCH & MEERESFRÜCHTE

Wenig Bewegung	Mittlere Bewegung	Viel Bewegung
Krabben	Frischfrikadelle	Fischsuppe
Schellfisch	Forelle	Fischstäbchen
Scholle	Scampi	Alle Fischarten, paniert
Seelachsfilet	Sardellen (Konserve)	
Seeteufel		
Heilbutt		

SÜßES, WÜRZMITTEL & PIKANTES

Wenig Bewegung	Mittlere Bewegung	Viel Bewegung
Küchenkräuter	Gewürzmischung (z.B. chinesisch)	Eis mit Sahne
Jodiertes Salz, Kräutersalz, Gewürze	Eierpfannkuchen	Eiskonfekt
	Milchreis	Vollmilchschokolade
	Zartbitterschokolade	Schokoriegel
	Popcorn, süß	Kartoffelchips
		Erdnussflips

GEMÜSE (frisch oder tiefgekühlt)

Wenig Bewegung	Mittlere Bewegung	Viel Bewegung
Aubergine, Bambussprossen	Zuckermais, Tiefkühl-Gemüseprodukte (mit Butter, Sahne)	Gemüse mit Käse überbacken
Blattspinat, Blumenkohl, Bohnen, Brokkoli	Avocado	Rahmspinat
Champignons, Erbsen, Fenchel, Kürbis	Kohlrabigemüse mit Soße	Erbsensuppe
Tomaten, Gurke, Paprika, Kohlrabi	Gemüse mit Butter oder Sahne	
Mangold, Salate		

GETRÄNKE

Wenig Bewegung	Mittlere Bewegung	Viel Bewegung
Wasser, Mineralwasser	Fruchtsäfte, Gemüsesäfte (100 % Saft)	Limonaden mit Zucker
Tee ohne Zucker	Fruchtsaftschorle	Fertig gemischte Drinks wie Kakao oder Vanillemilch
	Kalorienarme Limonade (light)	Eistee, gesüßt
	Kaffee mit Milch	Alkohol (Bier, Schnaps, Likör, Wein, Alkopops)

OBST (frisch oder tiefgekühlt)

Wenig Bewegung	Mittlere Bewegung	Viel Bewegung
Alle Obsttorten	Obstkuchen	Obsttörtchen
	Bananen, gebacken	Obstkuchen aus Rührmasse
	Trockenfrüchte (Rosinen)	kandierte Früchte

NÜSSE & ÖLSAATEN

Wenig Bewegung	Mittlere Bewegung	Viel Bewegung
Pistazien	Haselnüsse	Geröstete und gesalzene Erdnüsse
Walnüsse	Mandeln	Erdnüsse, dragiert
	Kürbiskerne	Cashewkerne
		Sonnenblumenkerne

SÜßER BROTAUFSTRICH

Wenig Bewegung	Mittlere Bewegung	Viel Bewegung
Marmelade mit Fruchtzucker	Erdnussbutter	Nuss-Nougatcreme
	Marmelade mit Zucker	
	Honig	

FETTE & ÖLE

Wenig Bewegung	Mittlere Bewegung	Viel Bewegung
Olivenöl, Rapsöl, Leinöl	Andere Pflanzenöle	Butter
Sojaöl, Erdnussöl	Margarine (ohne gehärtetes Fett)	Margarine, pflanzlich
Halbfettmargarine		Kokosfett
		Butterschmalz

Rezepte

Im folgenden Teil dieses Buches findest du Rezepte, die ich sorgfältig ausgesucht und ausprobiert habe. Sie alle sind für Diabetiker geeignet. Zu jedem Rezept findest du eine Liste der verwendeten Zutaten und eine Anleitung, wie das Gericht zubereitet wird. Die Rezepte sind aufgeteilt in die Kategorien Hauptgerichte mit Fisch, Vegetarische Hauptgerichte, Hauptgerichte mit Fleisch.

Hauptgerichte mit Fisch

Fisch mit Gemüsekruste

386 kcal, Kohlenhydrate 15 g | Eiweiß 33 g | Fett 22 g
(Nährwertangaben pro Portion)

Zubereitungszeit:40 min
Portionen:2
Schwierigkeit:Einfach

- 120 g Tomaten
- je 200 g Zucchini
- 200 g Auberginen
- 300 g Rotbarschfilet
- 2 EL Paniermehl
- 2 TL Zitronensaft
- Petersilie, Dill, Thymian
- Salz, Pfeffer, Öl
- 2 TL Parmesan, 2 Toast

---

1) Das Gemüse putzen und in etwa 3 mm dicke Scheiben schneiden. Paprika in Streifen schneiden. Die Kräuter klein hacken.
2) Fisch waschen und trocken tupfen. Zitrone darauf geben. Mit Salz und Pfeffer würzen.
3) In einer Pfanne mit heißem Öl den Fisch beidseitig anbraten. Danach herausnehmen und in eine ofenfeste Form legen.
4) Das Gemüse 4 - 7 min anbraten. Würzen und auf den Fisch auflegen. Kräuter, Paniermehl, Käse auf den Fisch legen. Alles 10 min im Backofen bei 200 Grad backen.
5) Mit Toast servieren. Den Fisch mit Zitrone und Kräutern garnieren.

Lachs auf Möhren

616 kcal, Kohlenhydrate 14 g | Eiweiß 67 g | Fett 31 g
(Nährwertangaben pro Portion)

Zubereitungszeit:30 min
Portionen:2
Schwierigkeit:Einfach

- 300 g Möhren
- 4 Schalotten
- 250 g Lachs
- 150 g saure Sahne
- 2 Knoblauchzehen
- 2 EL Butter
- 4 Stiele Thymian
- 2 Zweige Rosmarin
- Salz, Pfeffer

---

1) Die Möhren schälen, in kleine Stücke schneiden und in Salzwasser bissfest kochen. Die Möhren abgießen. Das Gemüsewasser auffangen.
2) Knoblauchzehen schälen und klein schneiden. Schalotten waschen. Die Wurzelenden abschneiden und die Schalotten klein schneiden.
3) Fisch waschen, trocken tupfen und in breite Stücke schneiden. Mit Salz und Pfeffer würzen. In einer Pfanne mit heißer Butter anbraten. Den Fisch vom Herd nehmen und zur Seite stellen.
4) Knoblauch und Schalotten andünsten. Die Möhrenstückchen und die Kräuter hinzugeben. Gut durchmischen und 3 Minuten dünsten. Mit 6 EL Wasser ablöschen. Saure Sahne zugeben. Alles kurz aufkochen lassen.
5) Den Fisch mit Baguette servieren.

Räucherforelle mit Reis

503 kcal, Kohlenhydrate 0,3 g | Eiweiß 28,8 g | Fett 4,3 g
(Nährwertangaben pro Portion)

Zubereitungszeit:35 min
Portionen:2
Schwierigkeit:Einfach

- 90 g Langkornreis
- 300 g grüne Bohnen
- 100 g Radieschen
- 2 Lauchzwiebeln
- 200 g Joghurt (Vollmilch)
- 2 EL Salatmayonnaise
- 60 g Forellen (2 – 3 Filets)
- 4 Stiele Dill
- Salz, Pfeffer

---

1) Den Reis in Salzwasser kochen 18 – 25 Minuten. Gießen Sie ihn ab und lassen Sie ihn abtropfen.
2) Bohnen waschen, die Enden und die Fäden abtrennen und die Bohnen in Salzwasser 15 – 20 Minuten garen. Danach abgießen.
3) Die Radieschen waschen. Blätter- und Wurzelansatz entfernen und danach die Radieschen in schmale Scheiben schneiden.
4) Die Lauchzwiebeln waschen. Die Wurzelansätze entfernen und dann in kleine Ringe schneiden.
5) Den Dill waschen, trocken schütteln und klein hacken.
6) Den Joghurt mit der Mayonnaise und dem Meerrettich vermischen. Dill, Reis, Radieschen, Lauchzwiebeln und Bohnen dazugeben. Mit Salz und Pfeffer würzen. Den Fisch in kleine Stücke schneiden und unterrühren.

Lachs mit Ofengemüse

373 kcal, Kohlenhydrate 10 g | Eiweiß 23 g | Fett 27 g
(Nährwertangaben pro Portion)

Zubereitungszeit:40 min
Portionen:2
Schwierigkeit:Einfach

- 150 g rote Beete
- 150 g Zucchini
- 150 g Fenchel
- 200 g Lachs
- 3 EL Olivenöl
- Dill
- Kräuter de Provence
- Salz, Pfeffer

---

1) Backofen auf 200 Grad vorheizen.
2) Rote Beete schälen und in 2 mm dünne Scheiben schneiden.
3) Zucchini schälen. Gehäuse entfernen. Zucchini in Scheiben schneiden.
4) Den Fenchel waschen und in kleine Stücke schneiden.
5) Das Gemüse in einer Schüssel mit Öl, Kräutern und Salz mischen.
6) Ein Backblech mit Backpapier belegen. Das Gemüse darauf verteilen und im Backofen eine halbe Stunde garen.
7) Den Fisch waschen, trocken tupfen und in eine Auflaufform legen. 1 EL Öl auf dem Fisch verteilen. Mit Salz und Pfeffer würzen. Die Form schließen und für 25 Minuten in den Backofen stellen.
8) Den Fisch auf Tellern servieren. Das Gemüse auflegen. Mit Schmand und Dill garnieren.

Lachs auf Tomaten

430 kcal, Kohlenhydrate 11 g | Eiweiß 29 g | Fett 29 g
(Nährwertangaben pro Portion)

Zubereitungszeit:25 min
Portionen:2
Schwierigkeit:Einfach

- 4 Stück Lachs
- 600 g Tomaten
- 200 g Rucola
- 2 EL Olivenöl
- 2 EL Aceto Balsamico
- 1 Zweig Thymian
- 2 Stängel Basilikum
- Salz, Pfeffer

---

1) Fisch waschen und trocken tupfen.
2) In einen Topf 3 cm Wasser geben, salzen und einen Dämpfereinsatz einlegen. Den Lachs auflegen und bei wenig Hitze zugedeckt 10 Minuten dämpfen.
3) Tomaten waschen. Stiele entfernen und in Viertel schneiden. Mit kochendem Wasser kurz überbrühen. Danach abschrecken und Haut entfernen.
4) Die Kräuter waschen, trocken schütteln und klein hacken.
5) In einer Pfanne mit 1 EL Öl die Tomaten anbraten. Kräuter, Salz und Pfeffer hinzugeben.
6) Rucola verlesen, waschen, trocken schütteln und grob hacken. Olivenöl und Essig (Balsamico) hinzugeben. Gut mischen. Pfeffern. Den Salat auf einen Teller legen. Lachs darauf geben und so servieren.

Räucherlachsrolle

314 kcal, Kohlenhydrate 12,6g | Eiweiß 42,4 g | Fett 8,5 g
(Nährwertangaben pro Portion)

Zubereitungszeit:15 min
Portionen:2
Schwierigkeit:Einfach

- 1 großer Chicorée
- 200 g Räucherlachs (2 Filets)
- 200 g Erbsen (Tk)
- 50 g Sahne
- 3 Stängel Petersilie
- ¼ Zitrone
- Salz, Pfeffer

---

1) Chicorée waschen und in der Mitte aufschneiden. Den Strunk entfernen. In einer Pfanne mit heißem Öl den Chicorée 5 min anbraten. Etwas Salz zugeben.
2) Die Erbsen in kochendem Salzwasser 3 min garen, abgießen und abtropfen lassen. Die Erbsen in einen Becher geben. Sahne hinzugeben und mit einem Pürierstab zerkleinern. Mit Salz und Pfeffer würzen.
3) Fisch waschen und trocken tupfen. Auf die Filets das Erbspüree auftragen.
4) Die Petersilie waschen, trocken schütteln, klein hacken und auf den Lachs aufstreuen. Den Fisch zu einer Rolle zusammenrollen und auf einem Teller servieren. Den Chicorée dazulegen. Je nach Geschmack Meerrettich dazu reichen.

Leichter Backfisch

306 kcal, Kohlenhydrate 21,2 g | Eiweiß 17,6 g | Fett 17,6 g
(Nährwertangaben pro Portion)

Zubereitungszeit:25 min
Portionen:2
Schwierigkeit:Einfach

- 300 g Seelachs
- 2 Strudelteigblätter
- Kräuter
- 1 EL Milch
- 1 Ei
- Zitronensaft
- Salz, Pfeffer

---

1) Fisch waschen und trocken tupfen. Das Filet in zwei Teile aufteilen. Die Gräten entfernen.
2) Die Teigblätter auslegen. Je ein Fischfilet auf ein Teigblatt auslegen und mit Kräutern bestreuen.
3) Den Backofen auf 200 Grad vorheizen.
4) Das Ei trennen. Das Eigelb mit ein klein wenig Milch vermengen und mit einem Pinsel auf den Fisch auftragen. Die Seiten des Teigs zusammenfalten.
5) Auf ein Backblech mit Backpapier auflegen. Die Fischfilets darauflegen und in den Backofen schieben. Die Filets 20 Minuten lang backen.
6) Den Backfisch mit Bratkartoffeln und einem frischen Salat servieren.

Seelachsfilet

73 kcal, Kohlenhydrate 0,0 g | Eiweiß 16,7g | Fett 0,7 g
(Nährwertangaben pro Portion)

Zubereitungszeit:75 min
Portionen:2
Schwierigkeit:Einfach

- 2 Seelachsfilets
- ½ Bund Rosmarin
- 2 Knoblauchzehen
- Olivenöl
- Zitronensaft
- Salz, Pfeffer

---

1) Fisch waschen und trocken tupfen.
2) Die Filets mit Zitronensaft beträufeln. Den Fisch eine Stunde ziehen lassen.
3) Den Backofen auf 200 Grad vorheizen.
4) Den Rosmarin waschen, trocken schütteln und klein hacken.
5) Knoblauchzehen schälen und klein schneiden.
6) Den Fisch mit Olivenöl einpinseln. Mit Salz und Pfeffer würzen. Rosmarin und Knoblauch auf die Filets streuen.
7) Die Filets auf Alufolie legen und im Backofen 4 – 8 Minuten grillen.
8) Den Fisch mit einem Salat und einer Scheibe Zitrone servieren. Statt Seelachs kann man auch Rotbarsch für dieses Rezept nehmen.

Forelle mit Zitronenbutter

173 kcal, Kohlenhydrate 0,0 g | Eiweiß 32,5 g | Fett 4,6g
(Nährwertangaben pro Portion)

Zubereitungszeit:10 min
Portionen:2
Schwierigkeit:Einfach

- 2 Forellen
- 1 Bio-Zitrone
- Petersilie
- Schnittlauch
- Thymian
- 50 g Butter
- 1 TL Kräutersalz

---

1) Den Backofen auf 170 Grad vorheizen.
1) Die Kräuter waschen, trocken schütteln und klein hacken.
2) Fisch waschen und trocken tupfen. Die Schuppen und die Gräten entfernen. Den Fisch mit Kräutersalz einschmieren und auf eine Alufolie legen.
3) Die Schale der Zitrone abreiben und in einer Schüssel mit der Butter und den Kräutern vermischen. Die Zitrone abwaschen und in schmale Scheiben schneiden.
4) Die Hälfte der Kräuterbutter in den Fisch legen. Die Zitronenscheiben auf den Fisch auflegen. Den Fisch in die Alufolie einwickeln und für eine dreiviertel Stunde in die Backröhre legen.
5) Den Fisch mit Zitrone, Salat und Baguette servieren.

Kräuterhechtfilet

293 kcal, Kohlenhydrate 0,8 g | Eiweiß 13,1 g | Fett 1,3 g
(Nährwertangaben pro Portion)

Zubereitungszeit:15 min
Portionen:2
Schwierigkeit:Einfach

- 300 g Hecht
- 1 Zitrone
- ½ Chilischote
- 75 g Kräuterbutter
- ½ Zucchini
- 1 Stange Lauch
- 1 EL Koriander
- 1 EL Petersilie
- 50 ml Weißwein
- Salz, Pfeffer

---

1) Fisch waschen und trocken tupfen.
2) Die Kräuter waschen, trocken schütteln und klein hacken. Zucchini schälen. Gehäuse entfernen. Zucchini in sehr kleine Würfel schneiden.
3) Die Lauchzwiebel waschen. Die Wurzelansätze entfernen und dann die Lauchzwiebeln in sehr kleine Ringe schneiden.
4) Lauch, Zucchini, Kräuter und Chili mischen. Mit Salz und Pfeffer würzen.
5) Fisch mit Zitrone beträufeln und leicht salzen.
6) Die Gemüsemischung auf Alufolie aufbringen und den Fisch darauflegen. Kräuterbutter darauflegen und die Alufolie schließen.
7) Die Päckchen fünf Minuten in den Backofen bei 160 legen.
8) Mit Zitrone, Baguette und einem frischen Salat servieren.

Lachsnudeln

200 kcal, Kohlenhydrate 14,2 g | Eiweiß 9,2 g | Fett 7,8 g
(Nährwertangaben pro Portion)

Zubereitungszeit:30 min
Portionen:2
Schwierigkeit:Einfach

- 150 g Nudeln
- 150 g Lachsfilet
- 125 ml Sahne
- Chilipulver
- Cayennepfeffer
- Öl
- Salz, Pfeffer

---

1) Fisch waschen, trocken tupfen und in 3 cm breite Stücke teilen.
2) Die Nudeln in Salzwasser bissfest kochen, abgießen und abtropfen lassen.
3) Die Bio-Zitrone heiß abwaschen. Die Schale abreiben und die Zitrone auspressen. 4 EL von dem Zitronensaft mit der Sahne in eine Pfanne geben und aufkochen. Salz, Pfeffer, Chili und Cayenne hinzugeben.
4) Die Soße vom Herd nehmen. Den Fisch hineingeben. Deckel aufsetzen und 5 Minuten ziehen lassen.
5) Die Nudeln in die Soße geben. Abschmecken und dann servieren.

Lachs-Spinat-Auflauf

485 kcal, Kohlenhydrate 26,1 g | Eiweiß 34 g | Fett 26 g
(Nährwertangaben pro Portion)

Zubereitungszeit:50 min
Portionen:2
Schwierigkeit:Einfach

- 125 g Spinat (Tk)
- 125 g Lachs
- 200 g Penne
- ½ Becher Schmand
- ½ Becher Sahne
- 100 g Käse
- Gemüsebrühe
- Dill
- Salz, Pfeffer

---

1) Fisch waschen und trocken tupfen.
2) Spinat auftauen.
3) Die Nudeln in Salzwasser ansetzen und bissfest garen.
4) Den Dill waschen, trocken schütteln und klein hacken.
5) Die Gemüsebrühe ansetzen und mit Sahne und Schmand mischen. Den Dill zugeben. Mit Salz und Pfeffer würzen.
6) Eine Auflaufform mit Butter einfetten. Den Backofen auf 200 Grad vorheizen.
7) Den Fisch in eine Auflaufform legen. Spinat hinzugeben.
8) Die Nudeln und danach die Soße in eine Form geben.
9) Den Auflauf 30 – 40 Minuten in den Backofen geben und danach servieren.

Forelle Müllerin

153 kcal, Kohlenhydrate 2,62 g | Eiweiß 21,8 g | Fett 6,20 g
(Nährwertangaben pro Portion)

Zubereitungszeit:20 min
Portionen:2
Schwierigkeit:Einfach

- 2 Forellen
- 20 g Mehl
- ½ EL Öl
- 25 g Butter
- ½ Zitrone
- Salz, Pfeffer

---

1) Fisch waschen und trocken tupfen.
2) Den Fisch mit Zitronensaft beträufeln. Auf die Außenseite, ebenso wie in die aufgeschnittenen Fische Salz und Pfeffer geben. Dann die Fische in Mehl wenden.
3) Den Backofen auf 180 Grad vorheizen.
4) Das Öl in eine Pfanne geben und erhitzen. Den Fisch hineingeben und etwa 3 - 5 Minuten beidseitig braten. Nicht zu viel Hitze zuführen.
5) Auf ein Backblech Backpapier legen. Den Fisch darauflegen und 10 Minuten im Backofen backen.
6) Den Fisch mit Kartoffeln und etwas frischem Salat servieren. Auch Kartoffelsalat und frischer Spinat passt gut zu Forelle Müllerin.

Bismarckhering in Sahne

115 kcal, Kohlenhydrate 2,1 g | Eiweiß 9,9 g | Fett 7,4 g
(Nährwertangaben pro Portion)

Zubereitungszeit:135 min
Portionen:2
Schwierigkeit:Einfach

- 4 Bismarckheringe
- 50 g Mayonnaise
- ½ Becher Joghurt
- ½ Becher Schlagsahne
- 1 Apfel
- 2 Zwiebeln
- Dill
- Zucker
- 3 Gewürzgurken
- Salz, Pfeffer

---

1) Die Zwiebeln schälen und klein schneiden.
2) Die Gewürzgurken in kleine Würfel schneiden. Etwas Gurkenwasser in einer Tasse o.ä. zur Seite stellen.
3) Den Apfel schälen. Das Gehäuse entfernen und den Apfel in sehr kleine Würfel schneiden.
4) In einer Schüssel die Schlagsahne, Gurkenwasser und den Joghurt verrühren. Zwiebel-, Gewürzgurken- und Apfelstückchen zugeben.
5) Den Dill waschen, trocken schütteln und klein hacken.
6) In die Sahnemischung den Dill, Salz und Pfeffer und eine Prise Zucker geben. Alles gut mischen. Abschmecken.
7) Den Fisch in 2 – 3 cm große Stücke teilen und in die Soße geben. Alles 2 Stunden kühl stellen und dann servieren. Dazu Salzkartoffeln reichen.

Kräuterforelle

107 kcal, Kohlenhydrate 1 g | Eiweiß 20 g | Fett 2,7 g
(Nährwertangaben pro Portion)

Zubereitungszeit:25 min
Portionen:2
Schwierigkeit:Einfach

- 2 Forellen
- 3 Knoblauchzehen
- 2 EL Mehl
- 1 Bund Dill
- 1 Bund Petersilie
- 1 Bund Schnittlauch
- 200 ml Weißwein
- 2 Zwiebeln
- Balsamico-Essig
- Salz, Pfeffer

---

1) Fisch waschen, trocken tupfen und mit Salz und Pfeffer einreiben. Innen ebenfalls mit Salz und Pfeffer einreiben.
2) Den Dill, die Petersilie und den Schnittlauch waschen, trocken schütteln und klein hacken.
3) Knoblauchzehen und Zwiebeln schälen und klein schneiden.
4) Den Wein mit dem Essig in den Dampfgarer geben. 50 ml Wasser dazugeben.
5) Den Fisch in den Garbehälter geben. Sie können auch einen Einsatz verwenden und diesen in den Topf setzen.
6) Kräuter, Knoblauch und Zwiebeln zusammen mischen und auf den Fisch legen. Den Topf erhitzen und den Fisch etwa 10 – 14 Minuten garen.
7) Den Wein mit dem Essig in den Dampfgarer geben. 50 ml Wasser dazugeben.

Tomatsild

240 kcal, Kohlenhydrate 32 g | Eiweiß 8 g | Fett 9 g
(Nährwertangaben pro Portion)

Zubereitungszeit:140 min
Portionen:2
Schwierigkeit:Einfach

- 4 eingelegte Heringe
- 1 Zwiebel
- 75 ml Tomatenmark
- 3 EL Essig
- 25 ml Sonnenblumenöl
- 1 El Senfkörner
- 1 ½ Lorbeerblätter
- ¼ Bund Dill
- Zucker
- Pfeffer

---

1) Tomatenmark, Zucker, Öl, Essig, Senfkörner und Lorbeer in einer passenden Schüssel mischen. Pfeffer zugeben.
2) Fisch waschen und trocken tupfen.
3) Die Zwiebeln schälen, klein schneiden und in die Schüssel geben.
4) Den Fisch in 2 cm große Stücke schneiden und in die Mischung geben.
5) Die Mischung zwei Stunden im Kühlschrank durchziehen lassen.
6) Den Dill waschen, trocken schütteln und klein hacken.
7) Beim Servieren Dill über den Tomatsild streuen.

Hering in Zwiebeln

625 kcal, Kohlenhydrate 01,63 g | Eiweiß 40,1 g | Fett 51,5 g
(Nährwertangaben pro Portion)

Zubereitungszeit:20 min
Portionen:2
Schwierigkeit:Einfach

- 2 Heringe
- 1 Zwiebel
- 40 g Butter
- ¼ Bund Petersilie
- Salz, Pfeffer

---

1) Fisch waschen, trocken tupfen und mit Salz und Pfeffer von innen und außen einreiben.
2) Die Petersilie waschen, trocken schütteln und klein hacken.
3) Die Zwiebeln schälen und klein schneiden.
4) Den Backofen auf 160 Grad vorheizen.
5) Die Butter in einer Pfanne erhitzen und, wenn sie flüssig ist, die Zwiebeln dazu geben und goldbraun andünsten.
6) Den Fisch auf die Zwiebeln legen und die Pfanne 10 Minuten in den Backofen stellen.
7) Die Pfanne aus dem Backofen nehmen. Den Fisch klein schneiden und beim Servieren mit den Kräutern bestreuen.

Uscha

221 kcal, Kohlenhydrate 3 g | Eiweiß 13 g | Fett 2 g
(Nährwertangaben pro Portion)

Zubereitungszeit:35 min
Portionen:2
Schwierigkeit:Einfach

- ½ l Fischfond
- 200 g Kartoffeln
- 75 g Möhren
- ½ Zwiebel
- 250 g Fischfilet (Weißfisch)
- 3 Pfefferkörner
- 1 ½ Lorbeerblätter
- Salz, Pfeffer

---

1) Den Fischfond mit 750 ml Wasser in einen Topf geben und aufkochen lassen.
2) Die Kartoffeln schälen und in kleine Würfel schneiden. Die Möhren schälen und in kleine Stücke schneiden. Die Zwiebeln schälen, halbieren und klein schneiden. Zwiebel- und Kartoffelstücke in den Fond geben. Pfefferkörner und Salz zugeben. Alles gut mischen und eine viertel Stunde köcheln lassen.
3) Fisch waschen, trocken tupfen, in 1 cm breite Stücke schneiden und in den Fond geben. Den Lorbeer dazu geben und alles 10 Minuten köcheln lassen. Mit Salz und Pfeffer würzen. Abschmecken. Beim Servieren ein paar Kräuter hineinstreuen.

Wolfsbarsch gedämpft

126 kcal, Kohlenhydrate 0,0 g | Eiweiß 26 g | Fett 2,8 g
(Nährwertangaben pro Portion)

Zubereitungszeit:35 min
Portionen:2
Schwierigkeit:Einfach

- 2 Wolfsbarschfilets
- 1 ½ EL Olivenöl
- 1 Bio-Zitrone
- Chili
- 250 g Kartoffeln
- 125 g Möhren
- ½ TL Kreuzkümmel
- Salz, Pfeffer

---

1) Die Zitrone heiß abwaschen und die Schale abreiben. Dann die Zitrone aufschneiden, halbieren und die eine Hälfte auspressen. Die andere Hälfte in dünne Scheiben schneiden.
2) Fisch waschen, trocken tupfen, Zitrone aufträufeln und ihn dann in einer Pfanne mit heißem Öl 8 – 12 Minuten von beiden Seiten anbraten. Anschließend mit Salz, Chili und Pfeffer würzen.
3) Kartoffeln und Möhren schälen und in Würfel schneiden. Das Gemüse in einen Dampfgarer geben und eine viertel Stunde garen. Wenn das Gemüse durch ist, Kümmel zugeben.
4) Auf zwei Teller den Zitronenabrieb aufstreuen. Den Fisch darauflegen und mit dem dampfgegarten Gemüse servieren. Die Zitronenscheiben dazu reichen.

Panierter Karpfen

189 kcal, Kohlenhydrate 9,5 g | Eiweiß 16,7 g | Fett 9,2 g
(Nährwertangaben pro Portion)

Zubereitungszeit:20 min
Portionen:2
Schwierigkeit:Einfach

- 400 g Karpfen (Filets)
- 50 g Mehl
- 100 g Paniermehl
- 1 Ei
- ½ Zitrone
- 3 EL Butterschmalz
- etwas Dill
- Salz

---

1) Fisch waschen und trocken tupfen. Die Filets mit Zitrone beträufeln.
2) Das Ei aufschlagen und auf einem Teller durchquirlen. Salz dazu geben. Auf einen zweiten Teller das Paniermehl geben. Den Karpfen panieren.
3) Den Dill waschen, trocken schütteln und klein hacken.
4) Das Butterschmalz in einer Pfanne zerlassen und die Karpfenfilets darin braten bis sie knusprig braun sind.
5) Die Filets auf einen Teller geben und mit Dill bestreuen. Eine Scheibe Zitrone dazu reichen. Mit Kartoffelsalat und einem frischen Salat servieren.

Lachs auf Toast

160 kcal, Kohlenhydrate 8,8 g | Eiweiß 8,2 g | Fett 11,3 g
(Nährwertangaben pro Portion)

Zubereitungszeit:15 min
Portionen:2
Schwierigkeit:Einfach

- 3 Eier
- 4 Scheiben Lachs, geräuchert
- 1 ½ EL Milch
- 1 ½ EL Butter
- ½ Bund Petersilie
- Muskat
- Toast
- Salz, Pfeffer

---

1) Die Eier aufschlagen, mit der Milch und etwas Salz mischen.
2) Die Butter zerlassen und darin die Eiermischung braten bis sie stockt. Mit Salz und Pfeffer würzen. Etwas Muskat zugeben.
3) Die Petersilie waschen, trocken schütteln und klein hacken.
4) Toast grillen oder im Toaster toasten.
5) Toastscheiben auf einen Teller geben. Das Ei darauf geben und mit der Petersilie bestreuen. Die Räucherlachsscheiben darauflegen. Pro Toast zwei Scheiben.
6) Anstelle von Toast können Sie auch Baguette verwenden.

Schneller Tintenfisch

94 kcal, Kohlenhydrate 2,5 g | Eiweiß 1,0 g | Fett 18,4 g
(Nährwertangaben pro Portion)

Zubereitungszeit:12 min
Portionen:2
Schwierigkeit:Einfach

- 2 Tintenfische
- 4 EL Öl
- 5 EL Sojasoße
- 4 EL Weißwein
- 2 Frühlingszwiebeln

---

1) Die Tintenfische abwaschen und mit Küchenpapier abtupfen.
2) Die Frühlingszwiebeln waschen. Die Wurzelansätze entfernen und dann in kleine Ringe schneiden.
3) Das Öl in eine beschichtete Pfanne geben. Hitze zuführen. Die Tintenfische in die Pfanne legen und 6 Minuten braten. Dabei die Fische wenden.
4) Frühlingszwiebeln, Wein und Sojasoße in die Pfanne geben. Den Herd etwas herunter drehen und die Soße ein paar Minuten köcheln lassen.
5) Den Kopf abtrennen und wegwerfen. Den Rest des Tintenfisches in schmale Stücke schneiden und servieren. Die Soße mit den Frühlingszwiebeln darüber geben.

Scholle mit Joghurtsoße

348 kcal, Kohlenhydrate 9,9 g | Eiweiß 31,7 g | Fett 20,2 g
(Nährwertangaben pro Portion)

Zubereitungszeit:14 min
Portionen:2
Schwierigkeit:Einfach

- 300 g Schollenfilets
- 2 TL Olivenöl
- Zitronensaft
- 50 g Mehl
- 4 EL Joghurt (Magerstufe)
- 2 TL Senf
- 1 Bund Dill
- Salz, Pfeffer

---

1) Fisch waschen und trocken tupfen. Etwas Zitronensaft darauf träufeln. Mit Salz und Pfeffer würzen. Danach den Fisch von beiden Seiten einmehlen.
2) Den Dill waschen, trocken schütteln und klein hacken.
3) Den Joghurt mit dem Senf in einer Schüssel mischen. Pfeffer und Dill dazugeben. Gut umrühren.
4) Das Öl in eine Pfanne geben und erhitzen. Den Fisch darin beidseitig anbraten (pro Seite etwa 3 – 5 Minuten).
5) Den Fisch auf Teller anrichten. Etwas Dill darüber streuen. Die Joghurtsauce und ein paar Zitronenscheiben dazu reichen.
6) Je nach Geschmack Salat, Baguette oder Kartoffelsalat dazu servieren.

Mandelforelle

735 kcal, Kohlenhydrate 19 g | Eiweiß 55 g | Fett 48g
(Nährwertangaben pro Portion)

Zubereitungszeit:15 min
Portionen:2
Schwierigkeit:Einfach

- 2 Forellen
- 65 g Butter
- 2 EL Mehl
- 1 TL Zitronensaft
- 40 g Mandelblättchen
- Pfeffer

---

1) Fisch waschen und trocken tupfen.
2) Pfeffer und Mehl auf einem Teller vermischen und die Forellen in der Mischung wenden.
3) Etwa die Hälfte Butter in eine Pfanne geben und diese erhitzen. Sobald die Butter flüssig ist, den Fisch in die Pfanne legen und etwa 4 – 6 Minuten braten. In der Hälfte der Zeit die Fische wenden.
4) Die Fische herausnehmen und im Backofen warmhalten.
5) Die restliche Butter in die Pfanne geben. Die Mandelblättchen, den Zitronensaft und etwas Pfeffer dazugeben. Die Mischung 4 Minuten bei mittlerer Wärmezugabe erhitzen.
6) Die Forellen servieren. Die Mandelmischung darüber streuen. Zitronenscheiben dazu reichen.

Fischsoljanka

243 kcal, Kohlenhydrate 4,8 g | Eiweiß 4,5 g | Fett 2,4 g
(Nährwertangaben pro Portion)

Zubereitungszeit:25 min
Portionen:2
Schwierigkeit:Einfach

- 200 g Fischfilet (eigene Wahl)
- 50 g Knollensellerie
- 1 Zwiebel
- 1 ½ Gewürzgurke
- 400 ml Gemüsebrühe
- ½ EL Kapern
- 5 Oliven
- 1 EL Sonnenblumenöl

---

1) Die Zwiebeln und Sellerie schälen und klein schneiden.
2) Die Gemüsebrühe ansetzen und in einen Topf geben.
3) Die Zwiebeln in einer Pfanne anschwitzen. Wenn sie goldbraun sind, den Sellerie zugeben. Beides mischen, 5 Minuten dünsten und dann in den Topf füllen.
4) Fisch waschen und trocken tupfen. Etwas Zitronensaft darauf träufeln. Den Fisch in breite Stücke schneiden und dann eine viertel Stunde ziehen lassen.
5) Den Fisch in die Brühe geben.
6) Die Oliven klein schneiden. Die Gurken in kleine Stückchen schneiden und in den Topf geben. Dazu die Kapern und Oliven geben. Alles 3 Minuten köcheln lassen und dann servieren.

Lachsragout

770 kcal, Kohlenhydrate 21,1 g | Eiweiß 11,3 g | Fett 5,5 g
(Nährwertangaben pro Portion)

Zubereitungszeit:20 min
Portionen:2
Schwierigkeit:Einfach

- 350 g Lachs
- 3 EL Zitronensaft
- 1 Salatgurke
- 100 g saure Sahne
- ½ Zwiebel
- ½ Bund Dill
- ½ EL Öl
- 40 g Schinken
- Salz, Pfeffer

---

1) Den Dill waschen, trocken schütteln und klein hacken.
2) Fisch waschen, trocken tupfen und in große Stücke schneiden. Zitronensaft darauf träufeln. Salzen. Den Fisch kühl stellen.
3) Die Gurke schälen, halbieren und das Gehäuse entfernen. Die Gurke in schmale Streifen schneiden.
4) Die Zwiebeln schälen, klein schneiden, halbieren und in kleine Würfelchen schneiden.
5) Öl in eine Pfanne geben und erhitzen. Die Zwiebeln darin andünsten. Die Gurke dazu geben und 5 Minuten andünsten. Mit Salz und Pfeffer würzen.
6) Die Sahne hinzugeben. Den Lachs unterheben. Bei wenig Hitze etwa 10 Minuten lang dünsten.
7) Den Schinken klein würfeln. Schinken und Dill zum Lachs geben. Abschmecken und anschließend servieren.

Gegrillte Calamari

318 kcal, Kohlenhydrate 0,1 g | Eiweiß 18 g | Fett 1,1 g
(Nährwertangaben pro Portion)

Zubereitungszeit:135 min
Portionen:2
Schwierigkeit:Einfach

- 2 Tintenfische
- ¼ Zitrone
- 2 EL Zitrone
- 1 Knoblauchzehe
- ½ Bund Petersilie
- ½ Bund Salbei
- ½ Bund Rosmarin
- Salz

---

1) Fisch waschen und trocken tupfen. Etwas Zitronensaft darauf träufeln.
2) Knoblauchzehen schälen und klein schneiden.
3) Die Kräuter waschen, trocken schütteln, klein hacken und dann in eine Schüssel füllen. Den Knoblauch dazu geben, ebenso Zitronensaft, Olivenöl und etwas Salz. Alles gut mischen.
4) Den Tintenfisch in einem Topf mit Salzwasser 4 Minuten köcheln lassen. Dann den Fisch in die Marinade geben und 4 Stunden darin ziehen lassen.
5) Den Backofen auf 200 Grad vorheizen.
6) Die Calamari im Backofen 12 Minuten grillen.
7) Mit Baguette und Salat servieren.

Garnelen mit Rührei

330 kcal, Kohlenhydrate 2,0g | Eiweiß 22 g | Fett 26,1 g
(Nährwertangaben pro Portion)

Zubereitungszeit:30 min
Portionen:2
Schwierigkeit:Einfach

- 250 g Garnelen (Tk)
- 25 g Speck
- ½ Zwiebel
- 125 g Kartoffeln
- 1 ½ Eier
- 1 ½ EL Sahne
- Öl
- Salz, Pfeffer

---

1) Die Garnelen auftauen, abspülen und mit Küchenpapier trocken tupfen.
2) Den Speck in kleine Würfelchen schneiden und in einer Pfanne mit heißem Öl andünsten.
3) Die Zwiebeln schälen und klein schneiden.
4) Die Kartoffeln schälen, in Salzwasser kochen bis sie gar sind und dann in kleine Würfel schneiden.
5) Die Zwiebeln und die Kartoffeln in der Pfanne mit dem Speck dünsten.
6) Die Garnelen in die Pfanne geben und anbraten.
7) Die Eier aufschlagen und in die Pfanne geben. Die Sahne dazu geben. Mit Salz und Pfeffer würzen. Abschmecken und servieren.

Barsch-Frikassee

93,0 kcal, Kohlenhydrate 0,0 g | Eiweiß 21,4 g | Fett 1,0 g
(Nährwertangaben pro Portion)

Zubereitungszeit:20 min
Portionen:2
Schwierigkeit:Einfach

- 350 g Barschfilet
- 150 ml Fischfond
- 50 ml Sahne
- ¾ EL Dill
- 1 El Butter
- 1 El Mehl
- 1 El Zitronensaft
- Salz, Pfeffer

---

1) Fisch waschen, trocken tupfen und in Stücke schneiden. Etwas Zitronensaft auf den Fisch träufeln.
2) Die Butter in einem Topf erhitzen. Das Mehl dazu geben, einrühren und mit dem Fischfond ablöschen. Mit Salz und Pfeffer würzen. Zitronensaft dazu geben. Alles gut mischen und aufkochen lassen.
3) Den Barsch dazu geben und etwa 10 Minuten im Sud lassen.
4) Sahne und Dill dazu geben und dann servieren. Reis oder auch Nudeln dazu servieren.

Dorade mit Kartoffeln

202 kcal, Kohlenhydrate 22,5 g | Eiweiß 22,3 g | Fett 9,8 g
(Nährwertangaben pro Portion)

Zubereitungszeit:30 min
Portionen:2
Schwierigkeit:Einfach

- 2 Doraden
- 450 g Kartoffeln
- ½ Fenchelknolle
- 3 EL Olivenöl
- ½ Bio-Zitrone
- 1 Chilischote
- Thymian
- Salz

---

1) Fisch waschen und trocken tupfen. Zitronensaft darauf träufeln.
2) Den Thymian waschen, trocken schütteln und klein hacken.
3) Den Fenchel in Würfel schneiden und mit Kräutern mischen.
4) Ein Backblech mit Backpapier belegen. Den Backofen auf 200 Grad vorheizen.
5) Kartoffeln schälen, halbieren und auf das Backpapier legen. Das Olivenöl aufträufeln und Salz darüber streuen. Im Backofen 20 Minuten backen.
6) Backkartoffeln herausnehmen. Neues Backpapier auflegen und den Fisch darauf geben. Öl darauf träufeln und Salz aufstreuen. Zitronenscheiben und Chili dazu legen. Den Fisch eine viertel Stunde backen.
7) Den Fisch mit den Backkartoffeln servieren. Darüber den Fenchel streuen.

Hauptgerichte vegetarisch

Tomatensugo

46 kcal, Kohlenhydrate 69 g | Eiweiß 16 g | Fett 9 g
(Nährwertangaben pro Portion)

Zubereitungszeit:20 min
Portionen:2
Schwierigkeit:Einfach

- 200 g Vollkorn-Spaghetti
- 2 Möhren
- 1 Zucchini
- 250 g passierte Tomaten
- 1 Handvoll Rucola
- 1 El Olivenöl
- 1 Knoblauchzehe
- Salz, Pfeffer

---

1) Die Nudeln in Salzwasser bissfest kochen. Dann abgießen und abtropfen lassen.
2) Die Möhren schälen. Zucchini schälen. Das Gehäuse entfernen. Mit einem Spargelschäler das Gemüse längsseits in schmale Streifen schneiden.
3) Die Gemüsestreifen für 3 Minuten in Salzwasser garen. Danach abgießen und abtropfen lassen.
4) Knoblauchzehen schälen und klein schneiden. In einem Topf das Öl erhitzen und den Knoblauch darin andünsten. Die passierten Tomaten dazu geben. Mit Salz und Pfeffer würzen. Die Soße etwa 5 Minuten köcheln lassen.
5) Den Rucola verlesen, waschen und trocken schütteln.
6) Die Nudeln und das Gemüse auf Teller geben und servieren. Die Soße darauf gießen. Den Rucola darüber streuen.

Dinkelnudeln in Tomate

545 kcal, Kohlenhydrate 83 g | Eiweiß 19 g | Fett 83 g
(Nährwertangaben pro Portion)

Zubereitungszeit:25 min
Portionen:2
Schwierigkeit:Einfach

- 500 g Dinkelnudeln
- 2 Büchsen Tomatenstücke
- 1 Zwiebel
- 1 Knoblauchzehe
- Basilikum
- 1 EL Olivenöl
- Zucker
- Salz, Pfeffer

---

1) Knoblauchzehen schälen und klein schneiden. Die Zwiebeln schälen und klein schneiden. Beides in eine Pfanne geben und andünsten. Die Tomaten dazu geben und eine viertel Stunde köcheln lassen. Mit Salz und Pfeffer würzen. Etwas Zucker hinzugeben. Alles gut vermischen.
2) Die Nudeln in Salzwasser bissfest kochen. Dann abgießen und abtropfen lassen.
3) Den Basilikum waschen, trocken schütteln und klein hacken.
4) Die Nudeln servieren. Die Tomatensoße darüber gießen und alles mit den Kräutern bestreuen.

Gemüsepfanne

115 kcal, Kohlenhydrate 17 g | Eiweiß 9 g | Fett 7 g
(Nährwertangaben pro Portion)

Zubereitungszeit:25 min
Portionen:2
Schwierigkeit:Einfach

- 100 g Möhren
- 200 g Champignons
- 200 g Bohnen (Tk)
- 2 Paprika
- 2 Knoblauchzehen
- 1 Zwiebel
- 100 g saure Sahne
- Gemüsebrühe
- Salz, Pfeffer

---

1) Die Möhren schälen, in kleine Stücke schneiden und in Salzwasser bissfest kochen. Knoblauchzehen schälen und klein schneiden. Die Zwiebel schälen und klein schneiden.
2) Die Pilze putzen und klein schneiden. Paprika waschen. Gehäuse und Stiel entfernen und in dicke Streifen schneiden.
3) Die Gemüsebrühe mit 250 ml Wasser ansetzen.
4) In einer Pfanne mit heißem Öl Knoblauch, Zwiebeln und Möhren andünsten. Die Pilze und die Paprika dazu geben. Alles 10 Minuten dünsten.
5) Die Bohnen in die Pfanne geben und mitdünsten. Mit Gemüsebrühe ablöschen. Die Sahne einrühren. Mit Salz und Pfeffer würzen. Abschmecken und servieren.

Blumenkohl-Curry

440 kcal, Kohlenhydrate 10 g | Eiweiß 30 g | Fett 34 g
(Nährwertangaben pro Portion)

Zubereitungszeit:15 min
Portionen:2
Schwierigkeit:Einfach

- 200 g Blumenkohl
- 200 g Brokkoli
- 100 ml Kokosmilch
- Gemüsebrühe
- 2 EL Rapsöl
- 1 EL Currypulver
- Salz

---

1) Die Gemüsebrühe mit 200 ml Wasser ansetzen.
2) Den Blumenkohl von Blättern befreien. Den Strunk abschneiden und den Kohl in kleine Röschen teilen. Beim Brokkoli ebenso verfahren.
3) Das Öl in eine Pfanne geben und heiß machen. Das Gemüse in die Pfanne geben und braten. Den Curry dazu geben. Die Gemüsebrühe und die Kokosmilch dazu geben. Salz hineingeben. Alles etwa 10 Minuten köcheln lassen und dann servieren.

Dal-Suppe

292 kcal, Kohlenhydrate 39 g | Eiweiß 18 g | Fett 22 g
(Nährwertangaben pro Portion)

Zubereitungszeit:30 min
Portionen:2
Schwierigkeit:Einfach

- 200 g Möhren
- 50 g Cashewkerne
- 400 ml Tomatensaft
- ½ Bund Koriander
- 75 g rote Linsen
- 2 EL Currypulver
- Gemüsebrühe
- 1 Zwiebel
- Salz, Pfeffer

---

1) Die Möhren schälen, in kleine Stücke schneiden und in Salzwasser bissfest kochen. Die Zwiebel schälen und klein schneiden. Die Gemüsebrühe mit 400 ml Wasser ansetzen.
2) Die Zwiebel und etwas Öl in einen Topf geben und andünsten. Möhren, Linsen und den Curry dazu geben, umrühren und alles gut 4 Minuten lang andünsten.
3) Mit Brühe ablöschen. Tomatensaft dazu geben und etwa 20 Minuten köcheln lassen.
4) Die Cashewkerne klein hacken und in einer Pfanne ohne Fett anrösten. Den Koriander waschen, trocken schütteln, klein hacken und mit den Cashewkernen mischen.
5) Die Suppe pürieren, salzen, abschmecken und servieren. Die Koriander-Cashew-Mischung darüber streuen.

Feta-Gemüsepfanne

80 kcal, Kohlenhydrate 8 g | Eiweiß 11 g | Fett 23 g
(Nährwertangaben pro Portion)

Zubereitungszeit:15 min
Portionen:2
Schwierigkeit:Einfach

- 2 rote Paprika
- 1 Zwiebel
- 1 Knoblauchzehe
- 1 kleine Zucchini
- 100 g Feta
- Gemüsebrühe
- 2 EL Olivenöl
- Salz, Pfeffer

---

1) Die Zwiebeln schälen und klein schneiden. Knoblauchzehen schälen und klein schneiden. Paprika waschen. Gehäuse und Stiel entfernen und in dicke Streifen schneiden. Zucchini schälen. Gehäuse entfernen. Zucchini in Scheiben schneiden.
2) Die Gemüsebrühe mit 50 ml Wasser ansetzen.
3) Den Feta zerbröckeln und zur Seite stellen.
4) Öl in eine Pfanne geben und das Gemüse andünsten. Mit der Gemüsebrühe ablöschen. Alles 2 – 3 Minuten bei mittlerer Hitze köcheln lassen.
5) Das Gemüse servieren. Den Feta darüber streuen. Baguette dazu reichen. Wer mag kann auch frisch gehackte Kräuter über das Gemüse streuen.

Brokkoli-Auflauf

135 kcal, Kohlenhydrate 10,6 g | Eiweiß 24,2 g | Fett 25,8 g
(Nährwertangaben pro Portion)

Zubereitungszeit:30 min
Portionen:2
Schwierigkeit:Einfach

- 500 g Brokkoli
- 175 g Tomaten
- 175 ml Milch
- ½ Zwiebel
- 175 g Schafskäse (fettarm)
- 2 Eier
- Gemüsebrühe
- Salz, Pfeffer

---

1) Den Brokkoli von Blättern befreien. Den Strunk abschneiden und den Kohl in kleine Röschen teilen. Tomaten waschen. Stiele entfernen und in etwa 3 mm dicke Scheiben schneiden. Die Zwiebeln schälen und klein schneiden. Die Gemüsebrühe in Wasser ansetzen. Sie benötigen nur 1 EL Brühe.
2) Die Zwiebeln mit etwas Öl andünsten.
3) Die Eier aufschlagen und mit der Milch und der Gemüsebrühe mischen. Mit Salz und Pfeffer würzen.
4) Das Gemüse in eine Auflaufform geben. Die Eiermilch darüber gießen. Den Käse klein schneiden und über das Gemüse streuen. Alles 20 Minuten im Backofen garen und dann servieren.

Pellkartoffeln mit Quark

340 kcal, Kohlenhydrate 50 g | Eiweiß 41 g | Fett 11 g
(Nährwertangaben pro Portion)

Zubereitungszeit:30 min
Portionen:2
Schwierigkeit:Einfach

- 500 g Kartoffeln
- 400 g Paprika (bunt)
- 500 g Magerquark
- ½ Bund Schnittlauch
- ½ Beete Kresse
- 2 El Olivenöl
- Salz, Pfeffer

---

1) Die Kartoffeln waschen und in Salzwasser etwa 18 – 24 Minuten garen. Paprika waschen. Gehäuse und Stiel entfernen und in dicke Streifen schneiden.
2) Den Schnittlauch waschen, trocken schütteln und klein hacken. Die Kresse waschen und trocken schütteln.
3) Die Kräuter mit dem Quark mischen. Paprika und Olivenöl dazugeben. Alles gut durchmischen. Mit Salz und Pfeffer würzen. Abschmecken.
4) Die Kartoffeln mit dem Quark servieren. Auf den Quark noch ein paar frische Kräuter aufstreuen.

Bandnudeln mit Pilzen

339 kcal, Kohlenhydrate 54 g | Eiweiß 36 g | Fett 24 g
(Nährwertangaben pro Portion)

Zubereitungszeit:15 min
Portionen:2
Schwierigkeit:Einfach

- 130 g Bandnudeln
- 2 Schalotten
- 150 g Champignons
- 150 g Austernpilze
- 100 g Kirschtomaten
- 100 g Schlagsahne
- Öl
- ½ Bund Thymian
- Salz, Pfeffer

---

1) Die Pilze putzen und klein schneiden.
2) Die Kirschtomaten waschen und vierteln.
3) Den Thymian waschen, trocken schütteln und klein hacken.
4) Die Schalotten waschen. Die Wurzelenden abschneiden und die Schalotten klein schneiden.
5) In einer Pfanne mit etwas Öl die Schalotten andünsten. Die Pilze dazu geben und alles etwa 3 Minuten anbraten. Mit der Sahne ablöschen. Mit Salz und Pfeffer würzen. Gut durchmischen und 6 Minuten köcheln lassen.
6) Die Nudeln in Salzwasser bissfest kochen. Dann abgießen und abtropfen lassen.
7) Die Nudeln mit dem Gemüse servieren. Das Gericht mit dem Thymian bestreuen.

Blumenkohlsuppe

199,5 kcal, Kohlenhydrate 29 g | Eiweiß 29 g | Fett 22 g
(Nährwertangaben pro Portion)

Zubereitungszeit:25 min
Portionen:2
Schwierigkeit:Einfach

- 400 g Blumenkohl
- 320 g Kartoffeln
- 6 EL Sahne
- 1 Bund Kerbel (oder 1 Topf)
- 2 Möhren
- 120 g Knollensellerie
- 1 Stange Lauch
- Salz, Pfeffer

---

1) Den Blumenkohl von Blättern befreien. Den Strunk abschneiden und den Kohl in kleine Röschen teilen. Die Kartoffeln schälen und in kleine Würfel schneiden.
2) Die Lauchzwiebeln waschen. Die Wurzelansätze entfernen und dann die Lauchzwiebeln in kleine Ringe schneiden.
3) Den Sellerie schälen und klein würfeln.
4) Den Kerbel waschen, trocken schütteln und klein hacken.
5) Den Blumenkohl, den Sellerie und die Möhren bissfest in Salzwasser garen. Ebenso die Kartoffeln in Salzwasser garen.
6) Das Gemüse zusammen geben. Mit Salz und Pfeffer würzen und dann pürieren. Kurz aufkochen. Beim Servieren mit dem Kerbel bestreuen.

Gemüse-Schmand-Suppe

140 kcal, Kohlenhydrate 41 g | Eiweiß 9 g | Fett 9 g
(Nährwertangaben pro Portion)

Zubereitungszeit:25 min
Portionen:2
Schwierigkeit:Einfach

- 320 g Kartoffeln
- 400 g Möhren
- 100 g Erbsen (Tk)
- 6 Stiele Petersilie
- 2 Lorbeerblätter
- 2 EL Schmand
- 2 Zwiebeln
- Öl
- Salz, Pfeffer

---

1) Die Kartoffeln schälen und in kleine Würfel schneiden. Die Möhren schälen, in kleine Stücke schneiden und in Salzwasser bissfest kochen. Die Petersilie waschen, trocken schütteln und klein hacken.
2) In einer Pfanne mit heißem Öl die Zwiebeln, Kartoffeln und Möhren andünsten. Mit 400 ml Wasser ablöschen. ¾ der Petersilie und den Lorbeer dazu geben. Mit Salz und Pfeffer würzen. Gut umrühren und zugedeckt eine viertel Stunde köcheln lassen.
3) Den Lorbeer herausfischen. Das Gemüse pürieren. Nochmal alles leicht aufkochen lassen. Abschmecken.
4) Die Suppe servieren. Dabei die restlichen Kräuter einstreuen und den Schmand dazu geben.

Zwiebelsuppe

150,5 kcal, Kohlenhydrate 11,9 g | Eiweiß 31,5 g | Fett 16,3 g
(Nährwertangaben pro Portion)

Zubereitungszeit:20 min
Portionen:2
Schwierigkeit:Einfach

- 250 g Zwiebeln
- 20 g Butter
- 50 g Bergkäse
- 75 g saure Sahne (oder Schmand)
- ½ Glas Weißwein
- 1 Knoblauchzehe
- Fleischbrühe
- Muskat
- Salz, Pfeffer

---

1) Die Zwiebeln schälen und in schmale Ringe schneiden. Knoblauchzehen schälen.
2) Die Gemüsebrühe mit 500 ml Wasser ansetzen.
3) In einen Topf die Butter geben und erhitzen. Sobald sie zerlassen ist, die Zwiebeln zugeben und andünsten. Mit Wein ablöschen.
4) Die Knoblauchzehe in den Topf geben und zerdrücken. Sie können auch eine Knoblauch-presse verwenden. Die Gemüsebrühe zugeben.
5) Den Bergkäse in den Topf geben und unter rühren auflösen lassen. Mit Salz und Pfeffer würzen. Muskat und den Schmand hinzugeben. Gut umrühren und aufkochen lassen. Dann servieren.

Kohlrabisuppe

342 kcal, Kohlenhydrate 16,1 g | Eiweiß 23,8 g | Fett 15,2 g
(Nährwertangaben pro Portion)

Zubereitungszeit:25 min
Portionen:2
Schwierigkeit:Einfach

- 1 Kohlrabi
- 250 g Kartoffeln
- 2 Frühlingszwiebeln
- 100 g Tilsiter
- Gemüsebrühe
- 2 El Butter
- 1 TL Petersilie
- Salz, Pfeffer

---

1) Die Kartoffeln schälen und in kleine Würfel schneiden. Die Frühlingszwiebeln waschen. Die Wurzelansätze entfernen und dann in kleine Ringe schneiden. Den Kohlrabi schälen und in kleine Würfel schneiden.
2) Mit 500 ml Wasser die Gemüsebrühe ansetzen.
3) Die Butter in einer Pfanne zerlassen. Das Gemüse in der Pfanne andünsten. Mit der Gemüsebrühe ablöschen. Die Gemüsemischung 20 Minuten köcheln lassen.
4) Den Käse in die Suppe geben und zerlassen. Mit Salz und Pfeffer würzen. Petersilie dazu geben. Alles gut mischen, kurz aufkochen lassen und dann servieren.

Tomatensuppe

196 kcal, Kohlenhydrate 5,1 g | Eiweiß 9,7 g | Fett 15,6 g
(Nährwertangaben pro Portion)

Zubereitungszeit:15 min
Portionen:2
Schwierigkeit:Einfach

- 1 Büchse Tomaten
- 1 Scheibe Pumpernickel
- Gemüsebrühe
- 2 EL Enzym-Ferment-Getreide
- 2 El Brottrunk
- 50 ml Schlagsahne
- Salz, Pfeffer

---

1) Die Gemüsebrühe mit 250 ml Wasser ansetzen.
2) Tomaten in die Gemüsebrühe geben, einige Minuten köcheln lassen, dann Wärme zurücknehmen und die Suppe durchziehen lassen.
3) Die Scheibe Pumpernickel zerbröckeln und in einer Pfanne ohne Fett anrösten.
4) Zur Tomatensuppe Salz, Pfeffer, das Getreide und den Brottrunk geben. Abschmecken. Die Suppe durch ein Metallsieb streichen.
5) Die Suppe servieren. Den Pumpernickel und die Schlagsahne dazu reichen.

Überbackene Nudeln

190 kcal, Kohlenhydrate 21,2 g | Eiweiß 22,7 g | Fett 52,9 g
(Nährwertangaben pro Portion)

Zubereitungszeit:25 min
Portionen:2
Schwierigkeit:Einfach

- 130 g Nudelnester
- 1 Zwiebel
- 100 g Paprika
- 100 g Zucchini
- 100 g Kürbis
- 100 g Reibkäse
- 2 EL Sonnenblumenöl
- Salz, Pfeffer

---

1) Die Nudeln in Salzwasser bissfest kochen. Dann abgießen und abtropfen lassen. Die Zwiebel schälen und klein schneiden. Paprika waschen. Gehäuse und Stiel entfernen und in dicke Streifen schneiden. Zucchini schälen. Gehäuse entfernen. Zucchini in Scheiben schneiden. Den Kürbis öffnen. Das Kerngehäuse entfernen. Das Fruchtfleisch heraustrennen und in große Stücke schneiden.
2) Die Zwiebeln in dem Öl andünsten. Das Gemüse dazu geben. Mit Salz und Pfeffer würzen und anbraten.
3) Den Käse unter das Gemüse mischen und zusammen in die Nudeln geben. Gut umrühren, abschmecken und in eine Auflaufform füllen.
4) 10 Minuten bei 200 Grad backen und dann servieren.

Risi Bisi

227,5 kcal, Kohlenhydrate 13,8 g | Eiweiß 9 g | Fett 5,8 g
(Nährwertangaben pro Portion)

Zubereitungszeit:10 min
Portionen:2
Schwierigkeit:Einfach

- 125 g Reis
- ½ Zwiebel
- 125 g Erbsen (Tk)
- 50 g Parmesan
- ¼ Bund Petersilie
- 1 EL Olivenöl
- Zucker
- Salz

---

1) Kochen Sie den Reis 18 – 25 min in Salzwasser bis er gar ist. Gießen Sie ihn danach ab und lassen Sie ihn abtropfen.
2) Die Zwiebel schälen, halbieren und eine Hälfte klein schneiden.
3) Die Petersilie waschen, trocken schütteln und klein hacken.
4) Die Zwiebel in heißem Olivenöl andünsten. Die Erbsen mit ein wenig Wasser hinzugeben und köcheln lassen. Salz und Zucker zugeben. Abschmecken. Den Reis hinzufügen, gut vermischen.
5) Alles kurz erwärmen und dann servieren. Beim Servieren mit Petersilie und Käse bestreuen.

Camembert-Omelett

390 kcal, Kohlenhydrate 22,2 g | Eiweiß 3,9 g | Fett 2,3 g
(Nährwertangaben pro Portion)

Zubereitungszeit:15 min
Portionen:2
Schwierigkeit:Einfach

- 125 g Camembert
- 2 Eier
- 100 g Pfifferlinge
- ½ Zwiebel
- 75 g Schmand
- 2 EL Öl
- 1 TL Petersilie
- Muskat
- Salz, Pfeffer

---

1) Den Käse in Stücke schneiden und zerdrücken.
2) Die Pilze putzen und klein schneiden. Sie können auch Pfifferlinge aus einer Dose verwenden. Diese müssen Sie nur abgießen.
3) Den Schmand mit dem Käse vermischen.
4) Die Eier trennen und das Eigelb in die Käsemasse mischen. Salz, Pfeffer und Muskat zugeben.
5) Das Eiweiß steif schlagen. Die Zwiebeln schälen, halbieren und eine Hälfte klein schneiden.
6) Die Zwiebel in heißem Öl andünsten. Die Pilze dazugeben, braten und dann vom Herd nehmen und in der Backröhre warm stellen.
7) Die Eimasse braten. Wenn das Ei nach 5 min gestockt ist, die Pilze in die Pfanne geben. Mit Petersilie bestreuen und servieren.

Brokkoli-Flan

148 kcal, Kohlenhydrate 25,4 g | Eiweiß 43,1 g | Fett 7,4 g
(Nährwertangaben pro Portion)

Zubereitungszeit:30 min
Portionen:2
Schwierigkeit:Einfach

- 250 g Brokkoli
- 100 g Emmentaler Käse
- 125 g Sahne
- 3 Eier
- 1 EL Semmelbrösel
- 1 EL Butter
- Muskat
- Salz, Pfeffer

---

1) Den Brokkoli von Blättern befreien. Den Strunk abschneiden und den Kohl in kleine Röschen teilen.
2) Den Backofen auf 200 Grad vorheizen.
3) Brokkoli im Salzwasser bissfest kochen.
4) Den Käse klein reiben. Die Eier aufschlagen und mit dem Käse mischen. Salz, Pfeffer und Muskat zugeben.
5) Eine Auflaufform mit Butter einfetten. Die Semmelbrösel auf die Butter streuen. Den Brokkoli darauflegen und das Ei darauf gießen.
6) Die Masse im Backofen 20 Minuten backen und dann servieren.

Bunte Gemüsesuppe

140 kcal, Kohlenhydrate 5,9 g | Eiweiß 10,6 g | Fett 2,8 g
(Nährwertangaben pro Portion)

Zubereitungszeit:30 min
Portionen:2
Schwierigkeit:Einfach

- 1 Kartoffel
- ½ Zwiebel
- Gemüsebrühe
- 400 g Saisongemüse
- ¼ Bund Petersilie
- Salz, Pfeffer

---

1) Das Gemüse putzen. Die Gemüsebrühe mit 500 ml Wasser ansetzen. Die Kartoffel schälen und in kleine Würfel schneiden. Die Zwiebeln schälen, halbieren und klein schneiden.
2) Die Petersilie waschen, trocken schütteln und klein hacken.
3) Die Zwiebel in heißem Öl andünsten.
4) Das Gemüse in die Pfanne geben und andünsten. Mit der Gemüsebrühe ablöschen. Die Kartoffelstücke hinzugeben, mit Salz und Pfeffer würzen und alles 20 Minuten köcheln lassen.
5) Mit Salz abschmecken. Die Suppe servieren und mit der Petersilie bestreuen.

Artischocken mit Dip

256 kcal, Kohlenhydrate 12,1 g | Eiweiß 13,2 g | Fett 23,6 g
(Nährwertangaben pro Portion)

Zubereitungszeit:25 min
Portionen:2
Schwierigkeit:Einfach

- 4 Artischocken
- 1 Bio-Zitrone
- 3 Knoblauchzehen
- 150 g Joghurt, fettarm
- 100 g Crème fraîche
- 1 TL Zucker
- Salz

---

1) Von den Artischocken die Stiele und den oberen Teil der Blätter abschneiden. Die Artischocken abwaschen.
2) Die Zitrone heiß abwaschen und in schmale Scheiben schneiden.
3) Knoblauchzehen schälen und klein schneiden. Mit einem Mixer diese mit dem Joghurt und den Crème fraîche vermischen.
4) Die Artischocken in einen Topf mit Wasser geben. Die Zitronenscheiben hinzugeben. Salz und Zucker hinzugeben und eine dreiviertel Stunde kochen.
5) Die Artischocken mit einem Löffel herausheben, so servieren. Den Knoblauch-Dip dazu reichen.

Reiseintopf karibisch

72 kcal, Kohlenhydrate 8,3 g | Eiweiß 6,9 g | Fett 3,6g
(Nährwertangaben pro Portion)

Zubereitungszeit:35 min
Portionen:2
Schwierigkeit:Einfach

- 50 g Wildreis
- 100 g Möhren
- 75 g Erbsen (Tk)
- 1 Mango
- 200 ml Kondensmilch
- 1 EL Erdnussöl
- Schnittlauch
- Salz, Pfeffer

---

1) Kochen Sie den Reis 18 – 25 Minuten in Salzwasser bis er gar ist. Gießen Sie ihn danach ab und lassen Sie ihn abtropfen.
2) Die Möhren schälen, in kleine Stücke schneiden und in Salzwasser bissfest kochen.
3) Die Mango schälen. Den Kern entfernen und das Fruchtfleisch in kleine Stücke schneiden.
4) Das Erdnussöl in einem Topf geben und erhitzen. Die Möhren und den Reis dazu geben und andünsten. Die Mango in den Topf geben. Die Mischung mit der Kokosmilch ablöschen. 125 ml Wasser hinzugeben. Salz dazu geben, abschmecken und alles zugedeckt 25 Minuten köcheln lassen.
5) Die Erbsen in die Mischung geben und 3 Minuten köcheln. Abschmecken und servieren. Mit dem Schnittlauch garnieren.

Zucchini gefüllt

187 kcal, Kohlenhydrate 7,0 g | Eiweiß 13,0 g | Fett 11,0 g
(Nährwertangaben pro Portion)

Zubereitungszeit:25 min
Portionen:2
Schwierigkeit:Einfach

- 2 Zucchini
- 3 Paprika (bunt)
- 1 Zwiebel
- 1 Knoblauchzehe
- 100 g Reibkäse
- 1 El Kräuter (Mischung)
- 100 ml Milch
- 2 EL Öl

---

1) Paprika waschen. Gehäuse und Stiel entfernen und in dicke Streifen schneiden. Die Zwiebeln schälen und klein schneiden. Knoblauchzehen schälen und klein schneiden.
2) Zucchini schälen. Gehäuse entfernen. Zucchini halbieren.
3) Die Zwiebel, den Knoblauch und das Gemüse in heißem Öl andünsten.
4) Den Backofen auf 200 Grad vorheizen.
5) Etwas von dem Gemüse in die Zucchini füllen.
6) Die Milch erhitzen. Den Käse hineingeben und auflösen.
7) Eine Auflaufform einfetten. Das Gemüse in die Form geben und die Zucchini darauf platzieren. Die Käsesoße darüber gießen.
8) Die Zucchini im Backofen 12 – 15 Minuten backen und dann servieren.

Chili vegetarisch

70,0 kcal, Kohlenhydrate 21,4 g | Eiweiß 4,5 g | Fett 37,1 g
(Nährwertangaben pro Portion)

Zubereitungszeit:15 min
Portionen:2
Schwierigkeit:Einfach

- 1 Dose passierte Tomaten
- 1 kl. Dose Mais
- 1 kl. Dose Kidney-Bohnen
- 1 Zwiebel
- 1 Knoblauchzehe
- 1 El Sonnenblumenöl
- Cayennepfeffer
- 100 g Soja-Hackfleisch

---

1) Die Zwiebeln schälen und klein schneiden. Knoblauchzehen schälen und klein schneiden. Die Kidney-Bohnen abgießen und abspülen.
2) Das Soja-Hackfleisch entsprechend der Packungsanleitung zubereiten.
3) Die Zwiebel und den Knoblauch in heißem Öl andünsten. Mit den passierten Tomaten ablöschen. Den Mais und die Bohnen zugeben. Alles 5 - 8 Minuten köcheln. Mit Cayennepfeffer und Salz würzen und abschmecken.
4) Das Chili servieren. Taco-Chips, Baguette oder Toast dazu reichen.

Welloni-Pfanne

848 kcal, Kohlenhydrate 17,6 g | Eiweiß 44,6 g | Fett 8,7 g
(Nährwertangaben pro Portion)

Zubereitungszeit:10 min
Portionen:2
Schwierigkeit:Einfach

- 250 g Spiralnudeln
- 75 getrocknete Tomaten in Öl
- 2 Knoblauchzehen
- 1 Chilischote
- 2 EL Petersilie
- Paprikapulver
- Oregano
- Salz, Pfeffer

---

1) Knoblauchzehen schälen und klein schneiden. Die Chili klein schneiden.
2) Die Nudeln in Salzwasser bissfest kochen. Dann abgießen und abtropfen lassen.
3) Die Tomaten klein schneiden.
4) Den Knoblauch in heißem Öl andünsten. Die Nudeln dazu geben. Die Petersilie unterheben. Mit Paprikapulver, Oregano, Salz und Pfeffer würzen. Abschmecken.
5) Die Nudel-Tomatenmischung servieren. Mit etwas frischer Petersilie garnieren.

Brunnenkresse-Suppe

230 kcal, Kohlenhydrate11,16 g | Eiweiß 5,2 g | Fett 3,9 g
(Nährwertangaben pro Portion)

Zubereitungszeit:35 min
Portionen:2
Schwierigkeit:Einfach

- 1 Bund Brunnenkresse
- 250 g Kartoffeln
- ½ EL Sonnenblumenöl
- 1 Zwiebel
- Muskat
- Salz, Pfeffer

---

1) Die Kartoffeln schälen und in kleine Würfel schneiden. Die Kresse waschen, trocken schütteln und klein hacken. Einige Blätter zur Seite legen.
2) Die Zwiebel schälen, halbieren und in einem Topf mit Salzwasser zusammen mit den Kartoffeln kochen.
3) Die Kartoffeln und die Zwiebeln pürieren. 750 ml Wasser zugeben. Gut einquirlen. Mit Salz, Muskat und Pfeffer würzen.
4) Die Brunnenkresse mit etwas Sonnenblumenöl in einem Topf etwa 5 Minuten lang dämpfen. Verwenden Sie einen Dämpfer oder einen passenden Dämpfereinsatz dafür. Dann in die Kartoffel- Zwiebelmischung geben. Umrühren. Abschmecken und evtl. nachwürzen. Die Suppe beim Servieren mit der zur Seite gelegten Kresse bestreuen.

Blumenkohl-Hirsetopf

28 kcal, Kohlenhydrate 6,03 g | Eiweiß 2,3 g | Fett 25,1 g
(Nährwertangaben pro Portion)

Zubereitungszeit:15 min
Portionen:2
Schwierigkeit:Einfach

- ½ Blumenkohl
- 25 g Butter
- 25 g Emmentaler Käse
- 1 Tasse Hirse
- Gemüsebrühe

---

1) Den Blumenkohl von Blättern befreien. Den Strunk abschneiden und den Kohl in kleine Röschen teilen.
2) Den Käse reiben.
3) Die Gemüsebrühe mit zwei Tassen Wasser ansetzen. Die Hirse und die Blumenkohlröschen hinzugeben und eine viertel Stunde bei wenig Hitzezugabe köcheln lassen.
4) Den Herd ausschalten und die Hirse noch 10 Minuten quellen lassen.
5) Den Käse und die Butter dazugeben. Alles gut durchmischen. Evt. mit Salz und Pfeffer würzen. Abschmecken und servieren.

Spinat-Petersilien-Risotto

560 kcal, Kohlenhydrate 9,3 g | Eiweiß 5,2 g | Fett 9 g
(Nährwertangaben pro Portion)

Zubereitungszeit:35 min
Portionen:2
Schwierigkeit:Einfach

- 400 g Spinatblätter
- 1 Zwiebel
- 400 g Reis (Risotto)
- 1 Bund Petersilie
- 150 ml Weißwein
- 60 g Joghurt
- Gemüsebrühe
- Muskat

---

1) Die Zwiebeln schälen und klein schneiden.
2) Die Gemüsebrühe mit 1,25 l Wasser ansetzen.
3) Die Petersilie waschen, trocken schütteln und klein hacken.
4) Den Spinat waschen und nass in einen Topf mit Wasser und Salz geben und gar kochen bis er zusammenfällt. Dann abgießen, abtropfen lassen und grob zerhacken.
5) Die Zwiebel in heißem Öl andünsten. Den Reis dazu geben, mit Muskat würzen und anschwitzen. Mit der Gemüsebrühe ablöschen. Etwa 20 Minuten köcheln lassen, bis der Reis gar ist. Den Spinat, den Joghurt und den Wein dazugeben. Abschmecken. Evtl. mit Salz nachwürzen, mit Petersilie bestreuen und servieren.

Spätzle mit Gemüse

169 kcal, Kohlenhydrate 23 g | Eiweiß 5,4 g | Fett 45,43 g
(Nährwertangaben pro Portion)

Zubereitungszeit:15 min
Portionen:2
Schwierigkeit:Einfach

- 200 g Mischgemüse (Tk)
- 320 g Mehl
- 4 Eier
- Öl
- 1 TL Salz
- Pfeffer

---

1) Das Mehl in eine Schüssel geben. Das Salz einmischen. 12 EL lauwarmes Wasser nach und nach dazu geben. Dabei immer durchkneten, bis ein Teig entsteht.
2) Einen Topf mit Salzwasser erwärmen. Wenn das Wasser kocht, den Teig mit einem Esslöffel nach und nach in das Wasser geben. Die Spätzle 1 – 2 Minuten kochen, dann abgießen und warm stellen.
3) Das Gemüse auftauen und in einer Pfanne mit etwas Öl anbraten. Mit Salz und Pfeffer würzen. Abschmecken.
4) Die Spätzle mit dem Gemüse mischen und so servieren.

Knoblauchsüppchen

33 kcal, Kohlenhydrate 3 g | Eiweiß 1 g | Fett 11 g
(Nährwertangaben pro Portion)

Zubereitungszeit:15 min
Portionen:2
Schwierigkeit:Einfach

- 2 Knoblauchzehen
- 200 g saure Sahne
- 1 EL Olivenöl
- 1 EL Weizenstärke
- 1 Schuß Weißwein
- 1 EL Schnittlauchröllchen
- 1 Scheibe Weißbrot
- Gemüsebrühe

---

1) Knoblauchzehen schälen, klein schneiden und dann in heißem Öl andünsten. Mit 250 ml Wasser ablöschen.
2) Die Gemüsebrühe mit 500 ml Wasser ansetzen.
3) Die saure Sahne einmischen.
4) Die Weizenstärke mit kaltem Wasser in einer Tasse verquirlen und dann in die Pfanne einrühren.
5) Die Suppe kurz aufkochen lassen und dann zur Seite stellen.
6) Die Scheibe Brot im Backofen oder in einem Toaster toasten. Dann in Würfel schneiden.
7) Den Schnittlauch waschen, trocken schütteln und klein hacken.
8) Die Suppe servieren und mit den Brotwürfeln und dem Schnittlauch bestreuen.

Pasta mit Pesto und Feta

154 kcal, Kohlenhydrate 26 g | Eiweiß 5 g | Fett 6,3 g
(Nährwertangaben pro Portion)

Zubereitungszeit:15 min
Portionen:2
Schwierigkeit:Einfach

- 200 g Spaghetti
- 100 g Feta
- 50 g Oliven
- 150 g Kräuter-Pesto
- 1 Knoblauchzehe
- 2 EL Öl

---

1) Die Nudeln in Salzwasser bissfest kochen. Dann abgießen und abtropfen lassen.
2) Die Knoblauchzehe schälen, klein schneiden und dann in einer Pfanne mit heißem Öl andünsten. Die Nudeln in die Pfanne geben, umrühren und kurz anbraten.
3) Die Oliven klein schneiden. Wenn vorhanden, den Kern entfernen.
4) Den Feta zerbröckeln und zur Seite stellen.
5) Die Nudeln servieren und mit dem Pesto, dem Feta und den Oliven belegen.
6) Einen frischen Salat dazu reichen.

Hauptgerichte mit Fleisch

Spätzle-Kraut-Pfanne

392 kcal, Kohlenhydrate 17,3 g | Eiweiß 5,5 g | Fett 4,7 g
(Nährwertangaben pro Portion)

Zubereitungszeit:20 min
Portionen:2
Schwierigkeit:Einfach

- 2 Scheiben Leberkäse
- 2 Zwiebeln
- 400 g Sauerkraut
- 4 Wacholderbeeren
- 100 g Spätzle
- 6 Stiele Petersilie
- 12 EL Apfelsaft
- Salz, Pfeffer

---

1) Die Spätzle können Sie selber machen. (s. Spätzle mit Gemüse).
2) Den Leberkäse in einer Pfanne mit heißem Öl kurz und kräftig von beiden Seiten anbraten. Dann herausnehmen und warm stellen.
3) Die Zwiebeln schälen und klein schneiden. Die Zwiebel in heißem Öl andünsten. Das Sauerkraut abtropfen lassen und zu den Zwiebeln geben. Ein paar Minuten anbraten. Dabei immer umrühren. Mit Salz und Pfeffer würzen. Mit dem Apfelsaft ablöschen. Die Wacholder dazu geben.
4) Die Spätzle in Salzwasser 12 – 15 Minuten kochen. Dann abgießen und mit dem Leberkäse zum Sauerkraut geben.
5) Die Petersilie waschen, trocken schütteln und klein hacken.
6) Die Spätzle mit dem Leberkäse und Sauerkraut servieren. Die Petersilie darauf streuen.

Käsesuppe mit Leberkäse

241 kcal, Kohlenhydrate 26 g | Eiweiß 28,9 g | Fett 40 g
(Nährwertangaben pro Portion)

Zubereitungszeit:25 min
Portionen:2
Schwierigkeit:Einfach

- 200 g Leberkäse
- 400 g Porree
- 8 EL Gouda (gerieben)
- 100 ml Schlagsahne
- Gemüsebrühe
- 50 g Laugenbrötchen
- Öl
- Muskat
- Salz, Pfeffer

---

1) Den Porree waschen. Die Wurzelansätze entfernen und dann den Porree in kleine Ringe schneiden.
2) Die Gemüsebrühe mit 400 ml Wasser ansetzen.
3) Den Gouda klein reiben.
4) Den Porree in heißem Öl andünsten. Mit der Gemüsebrühe ablöschen. Mit Salz, Muskat und Pfeffer würzen. Abschmecken und mit Deckel drauf 12 Minuten köcheln lassen.
5) Das Laugenbrötchen und den Leberkäse in Stücke schneiden und auf einen Spieß aufspießen. In einer Pfanne mit heißem Öl anbraten.
6) Den Käse und die Sahne in die Suppe einrühren.
7) Die Käsesuppe servieren und die Laugenbrötchen-Leberkäse-Spieße dazu reichen.

Tortellini mit Schinken

199 kcal, Kohlenhydrate 21,4 g | Eiweiß 8,3 g | Fett 6,8 g
(Nährwertangaben pro Portion)

Zubereitungszeit:20 min
Portionen:2
Schwierigkeit:Einfach

- 120 g Tortellini mit Schinken
- 2 Zwiebeln
- 1 Knoblauchzehe
- 100 g Champignons
- 200 g passierte Tomaten
- Oregano
- Salz, Pfeffer

---

1) Die Zwiebeln schälen und klein schneiden. Knoblauchzehen schälen und klein schneiden. Die Pilze putzen und klein schneiden.
2) Die Tortellini in Salzwasser bissfest kochen. Dann abgießen und abtropfen lassen.
3) Die Zwiebel und den Knoblauch in heißem Öl andünsten. Die Pilze in die Pfanne geben und 5 – 8 Minuten lang anbraten. Mit Salz und Pfeffer würzen.
4) Mit 4 EL Wasser ablöschen. 2 Messerspitzen Oregano hinzugeben. Die passierten Tomaten dazu geben. Gut umrühren und etwa 5 Minuten köcheln lassen.
5) Abschmecken und evtl. etwas nachwürzen. Mit den Tortellini servieren.

Schweinefilet mit Gemüse

116 kcal, Kohlenhydrate 14 g | Eiweiß 45 g | Fett 34 g
(Nährwertangaben pro Portion)

Zubereitungszeit:40 min
Portionen:2
Schwierigkeit:Einfach

- 350 g Schweinefilet
- 1 Kohlrabi
- 150 g Möhren
- 3 Frühlingszwiebeln
- Gemüsebrühe
- Salz, Pfeffer

---

1) Die Möhren schälen, in kleine Stücke schneiden und in Salzwasser bissfest kochen. Den Kohlrabi schälen und in Stücke schneiden. Die Frühlingszwiebeln waschen. Die Wurzelansätze entfernen und dann in kleine Ringe schneiden.
2) Die Gemüsebrühe mit 250 ml Wasser ansetzen.
3) Das Schweinefilet in einer Pfanne mit heißem Öl 5 Minuten beidseitig anbraten. In der Backröhre etwa 25 Minuten bei 160 Grad garen. Dann herausnehmen.
4) Den Kohlrabi in einer Pfanne mit heißem Öl andünsten. Das übrige Gemüse nach 5 Minuten dazu geben und weitere 10 Minuten dünsten. Mit Gemüsebrühe ablöschen. Mit Salz und Pfeffer würzen. Abschmecken und mit dem Schweinefilet servieren.

Spargel-Hähnchen

113 kcal, Kohlenhydrate 12 g | Eiweiß 41 g | Fett 20 g
(Nährwertangaben pro Portion)

Zubereitungszeit:45 min
Portionen:2
Schwierigkeit:Einfach

- 400 g grüner Spargel
- 2 Zucchini
- 2 Hähnchenfilets zu je 125 g
- 1 Zwiebel
- 100 g Crème fraîche
- 1 TL Currypulver
- 2 Zweige Rosmarin
- Salz, Pfeffer

---

1) Den Spargel putzen und in Salzwasser 8 Minuten garen. Danach abgießen und abtropfen lassen.
2) Zucchini schälen. Gehäuse entfernen. Zucchini in Scheiben schneiden. Die Zwiebeln schälen und klein schneiden.
3) Den Rosmarin waschen, trocken schütteln und klein hacken.
4) Den Backofen auf 200 Grad vorheizen.
5) Das Hähnchen in einer Pfanne 5 Minuten anbraten. Dann in eine gefettete Auflaufform legen.
6) Die Zwiebel und die Zucchini in heißem Öl andünsten. Mit Salz, Pfeffer und Curry würzen und in die Auflaufform geben. Spargel und Fleisch ebenfalls dazu geben. Die Crème fraîche aufträufeln und alles 20 Minuten lang backen. Dann servieren und mit den Kräutern bestreuen.

Zucchini mit Hackfleisch

105,3 kcal, Kohlenhydrate 4 g | Eiweiß 30 g | Fett 24 g
(Nährwertangaben pro Portion)

Zubereitungszeit:30 min
Portionen:2
Schwierigkeit:Einfach

- 200 g Rinderhack
- 1 Zwiebel
- 1 Stange Spargel
- 1 Möhre
- 1 Zucchini
- 1 Pack passierte Tomaten
- 1 EL Tomatenmark
- Öl
- Salz, Pfeffer

---

1) Die Möhren schälen, in kleine Stücke schneiden.
2) Zucchini schälen. Gehäuse entfernen. Zucchini mit einem Spiralschneider in Streifen schneiden.
3) Die Zwiebeln schälen und klein schneiden.
4) Den Sellerie waschen, schälen und klein schneiden.
5) In einer Pfanne mit heißem Öl die Zucchininudeln 5 Minuten lang anbraten.
6) Das Hackfleisch in einer zweiten Pfanne mit heißem Öl anbraten. Die Zwiebeln, Möhren und den Sellerie dazugeben und alles gut durchbraten. Mit Salz und Pfeffer würzen. Abschmecken. Bei Bedarf nachwürzen.
7) Die Zucchininudeln mit der Hackfleisch-Gemüsemischung servieren.

Frikadellen mit Pastinaken

540 kcal, Kohlenhydrate 36 g | Eiweiß 29 g | Fett 30 g
(Nährwertangaben pro Portion)

Zubereitungszeit:25 min
Portionen:2
Schwierigkeit:Einfach

- 250 g Pastinaken
- 250 g Kartoffeln
- 1 Möhre
- 200 g Rinderhack
- 1 Zwiebel
- 1 Ei
- Gemüsebrühe
- Salz, Pfeffer

---

1) Die Kartoffeln schälen und in kleine Würfel schneiden. Die Möhren schälen, in kleine Stücke schneiden und in Salzwasser bissfest kochen.
2) Das Gemüse in einem Topf mit Salzwasser etwa 6 – 8 Minuten garen. Die Pastinaken einrühren. Mit Salz und Pfeffer würzen.
3) Die Gemüsebrühe mit 100 ml Wasser ansetzen.
4) Das Ei aufschlagen und mit dem Hackfleisch und der Zwiebel mischen. Etwas Semmelmehl oder ein halbes aufgeweichtes Brötchen dazu geben. Mit Salz und Pfeffer würzen.
5) Das Hackfleisch in einer Pfanne mit heißem Öl anbraten.
6) Die Gemüse-Kartoffelmischung servieren. Die Frikadellen dazu reichen.

Kohlrabi-Lasagne

332 kcal, Kohlenhydrate 19 g | Eiweiß 42 g | Fett 23 g
(Nährwertangaben pro Portion)

Zubereitungszeit:40 min
Portionen:2
Schwierigkeit:Einfach

- 2 Kohlrabi
- 200 g Rinderhack
- 1 Zwiebel
- 1 Knoblauchzehe
- 1 Packung passierte Tomaten
- 75 ml Milch
- Majoran
- 1 Ei
- 200 g Gouda
- Salz, Pfeffer

---

1) Die Kohlrabis schälen, in dicke Scheiben schneiden und dann in Salzwasser 5 – 8 Minuten lang kochen bis sie gar sind.
2) Die Zwiebeln schälen und klein schneiden.
3) Knoblauchzehen schälen und klein schneiden.
4) Das Hackfleisch in einer Pfanne mit heißem Öl anbraten. Zwiebeln und Knoblauch dazu geben. Mit Salz, Majoran und Pfeffer würzen.
5) Den Backofen auf 200 Grad vorheizen.
6) Den Käse reiben.
7) Die Milch mit dem Ei und dem Käse mischen. Mit Salz und Pfeffer würzen.
8) Die Auflaufform fetten. Die Kohlrabischeiben einlegen. das Hackfleisch darüber geben und die Eimischung aufgießen. Danach alles etwa eine halbe Stunde backen und dann servieren.

Putensteak mit Möhre

369 kcal, Kohlenhydrate 11 g | Eiweiß 5,4 g | Fett 28 g
(Nährwertangaben pro Portion)

Zubereitungszeit:40 min
Portionen:2
Schwierigkeit:Einfach

- 2 Putensteaks
- 3 große Möhren
- 1 Apfel
- 1 EL Rapsöl (oder Wallnussöl)
- 1 TL Honig
- 3 EL Zitronensaft
- Salz, Pfeffer

---

1) Die Möhren schälen und mit einer Gemüsereibe klein reiben.
2) Den Apfel schälen und ebenfalls klein reiben.
3) Möhren- und Apfelraspel in einer Schüssel mischen. Den Zitronensaft und den Honig dazu geben. Alles gut durchmengen. Mit Salz und Pfeffer würzen. Abschmecken und eine halbe Stunde im Kühlschrank ziehen lassen.
4) Das Fleisch abwaschen und mit Küchenpapier trocken tupfen.
5) Das Fleisch in einer Pfanne mit heißem Öl von beiden Seiten kurz und kräftig anbraten.
6) Die Putensteaks mit dem Möhrensalat servieren.

Hähnchen mit Honig

140 kcal, Kohlenhydrate 1,4 g | Eiweiß 21 g | Fett 1,5 g
(Nährwertangaben pro Portion)

Zubereitungszeit:10 min (+ 1 Nacht)
Portionen:2
Schwierigkeit:Einfach

- 250 g Hähnchenbrust
- 2 Knoblauchzehen
- 1 EL Honig
- 1 EL Olivenöl
- 1 EL Sojasoße
- 1 EL Senf
- Salz, Pfeffer

---

1) Knoblauchzehen schälen und klein schneiden.
2) Das Fleisch abwaschen und mit Küchenpapier trocken tupfen.
3) Den Honig mit der Sojasoße und dem Senf verrühren. Mit Salz und Pfeffer würzen. Den Knoblauch einmischen.
4) Die Hähnchenbrust in die Honigmarinade legen und über Nacht ziehen lassen.
5) Die Hähnchenbrust aus der Marinade heben und in einer Pfanne mit etwas Öl von beiden Seiten 4 – 7 Minuten anbraten und dann mit einem frischen Salat und einem Baguette servieren.

Pute in Brokkoli

279 kcal, Kohlenhydrate 31 g | Eiweiß 40 g | Fett 16 g
(Nährwertangaben pro Portion)

Zubereitungszeit:30 min
Portionen:2
Schwierigkeit:Einfach

- 400 g Kartoffeln
- 250 g Brokkoli
- 2 Putenschnitzel
- 100 g Joghurt
- 100 ml Sahne
- 1 Bund Schnittlauch
- 1 Bio-Zitrone
- Salz, Pfeffer

---

1) Die Kartoffeln schälen und in der Hälfte durchschneiden. Den Brokkoli in kleine Röschen teilen und mit den Kartoffeln in Salzwasser vorgaren. Dann abgießen und zur Seite stellen.
2) Die Putenschnitzel in einer Pfanne mit heißem Öl anbraten. Würzen und warm stellen.
3) Die Bio-Zitrone heiß abwaschen. Die Schale abreiben. Die Zitrone aufschneiden und auspressen.
4) Den Schnittlauch waschen, trocken schütteln und klein hacken. Den Schnittlauch mit dem Joghurt, der Sahne und dem Zitronensaft mischen.
5) Das Gemüse in eine gefettete Auflaufform geben und im Backofen bei 160 Grad 10 Minuten garen. Die Putenschnitzel mit dem Gemüse servieren. Die Joghurtsoße dazu gießen.

Hähnchen mit Porree

425 kcal, Kohlenhydrate 46 g | Eiweiß 47 g | Fett 13 g
(Nährwertangaben pro Portion)

Zubereitungszeit:45 min
Portionen:2
Schwierigkeit:Einfach

- 2 Hähnchenfilets
- 150 g Porree
- 90 g Wildreis
- 60 g Mozzarella
- 1 Dose Tomatenstücke
- 1 TL Tomatenmark
- Öl
- Majoran
- Salz, Pfeffer

---

1) Den Porree waschen. Die Wurzelansätze entfernen und dann den Porree in kleine Ringe schneiden.
2) Das Fleisch abwaschen und mit Küchenpapier trocken tupfen.
3) Kochen Sie den Reis 18 – 25 Minuten in Salzwasser bis er gar ist. Gießen Sie ihn danach ab und lassen Sie ihn abtropfen.
4) Die Putenschnitzel in einer Pfanne mit heißem Öl anbraten.
5) Den Käse in Scheiben schneiden, auf die Putenschnitzel legen und mit Majoran bestreuen. Pfanne zudecken. Alles 3 – 5 Minuten garen lassen.
6) Porree in Salzwasser dünsten. Tomatenstücke und Tomatenmark zugeben und 3 Minuten köcheln lassen. Mit Salz, Majoran und Pfeffer würzen.
7) Das Fleisch mit dem Reis und der Tomatensoße servieren.

Kalbsschnitzel

112 kcal, Kohlenhydrate 45 g | Eiweiß 43 g | Fett 42 g
(Nährwertangaben pro Portion)

Zubereitungszeit:30 min
Portionen:2
Schwierigkeit:Einfach

- 4 Kalbsschnitzel
- 400 g Möhren
- 100 g Zuckerschoten
- 400 g Kartoffeln
- 4 Salbeiblätter
- 2 Stiele Thymian
- 2 Eier
- Muskat
- Salz, Pfeffer

---

1) Die Möhren schälen, in kleine Stücke schneiden und in Salzwasser bissfest kochen.
2) Die Zuckerschoten waschen, putzen, in kleine Stücke schneiden und im Salzwasser etwa 4 Minuten kochen.
3) Die Kartoffeln schälen und klein raspeln.
4) Die Kräuter waschen, trocken schütteln und klein hacken.
5) Die Eier aufschlagen und mit den Kartoffeln vermischen. Mit Salz, Muskat und Pfeffer würzen.
6) Die Schnitzel breit klopfen, in der Kartoffelmasse wälzen und in einer Pfanne mit heißem Öl von beiden Seiten braten. Die Schnitzel aus der Pfanne nehmen und beiseitestellen.
7) Die Kräuter kurz anbraten. Das Fleisch servieren und die Kräuter aufstreuen. Das Gemüse dazu reichen.

Pfeffer-Rinderfilet

314 kcal, Kohlenhydrate 36 g | Eiweiß 38 g | Fett 12 g
(Nährwertangaben pro Portion)

Zubereitungszeit:25 min
Portionen:2
Schwierigkeit:Einfach

- 250 g Rinderfilet
- 400 g Brokkoli
- 80 g Bandnudeln
- 2 Zwiebeln
- 1 Glas Rinderfond
- 2 TL Schmand
- 2 TL grüner Pfeffer
- Salz, Pfeffer

---

1) Das Rinderfilet einfrieren (so lässt es sich besser zerteilen).
2) Den Brokkoli von Blättern befreien. Den Strunk abschneiden und den Kohl in kleine Röschen teilen.
3) Die Nudeln in Salzwasser bissfest kochen. Nach 5 Minuten den Brokkoli dazu geben. Dann abgießen und abtropfen lassen.
4) Die Zwiebeln schälen und klein schneiden.
5) Fleisch in einer Pfanne mit heißem Öl anbraten. Mit Salz und Pfeffer würzen. Filets beiseite stellen.
6) In der Pfanne die Zwiebeln andünsten. Mit dem Fond ablöschen. Schmand und grünen Pfeffer dazugeben. Kurz aufkochen lassen. Das Fleisch in den Sud geben und erwärmen.
7) Die Nudeln mit dem Gemüse und der Soße servieren.

Bratwurst mit Lauch

263 kcal, Kohlenhydrate 48 g | Eiweiß 26 g | Fett 60 g
(Nährwertangaben pro Portion)

Zubereitungszeit:30 min
Portionen:2
Schwierigkeit:Einfach

- 4 Bratwürste
- 500 g Kartoffeln
- 200 g Lauchzwiebeln
- 100 g Kirschtomaten
- 100 g Gewürzgurken
- Gemüsebrühe
- 4 EL Öl
- 2 EL Essig
- Salz, Pfeffer

---

1) Die Kartoffeln schälen und in kleine Würfel schneiden. Dann in Salzwasser garen, abgießen und abtropfen lassen.
2) Die Lauchzwiebeln waschen. Die Wurzelansätze entfernen und dann die Lauchzwiebeln in kleine Ringe schneiden.
3) Tomaten waschen und halbieren. Die Gewürzgurke in schmale Streifen schneiden.
4) Die Gemüsebrühe mit 100 ml Wasser ansetzen. Den Essig und 1 EL Öl zugeben. Mit Salz und Pfeffer würzen. Den Sud auf die Kartoffeln gießen. Den Lauch, die Tomaten und die Gewürzgurken unterrühren.
5) Die Bratwürste mit dem restlichen Öl braten und dann mit dem Kartoffelsalat servieren.

Hähnchen mit Kräutern

140 kcal, Kohlenhydrate 28 g | Eiweiß 38 g | Fett 18 g
(Nährwertangaben pro Portion)

Zubereitungszeit:30 min
Portionen:2
Schwierigkeit:Einfach

- 2 Hähnchenfilets
- 320 g Kartoffeln
- 300 g Tomaten
- Gemüsebrühe
- 2 El Essig
- Thymian
- Oregano
- Petersilie
- Salz, Pfeffer

---

1) Die Kartoffeln schälen und in kleine Würfel schneiden. Dann in Salzwasser garen, abgießen und abtropfen lassen.
2) Tomaten waschen. Stiele entfernen und in etwa 3 mm dicke Scheiben schneiden.
3) Die Gemüsebrühe mit 50 ml Wasser ansetzen.
4) Die Kräuter waschen, trocken schütteln und klein hacken.
5) Das Fleisch abwaschen und mit Küchenpapier trocken tupfen. Dann mit den Kräutern belegen, zusammenklappen und mit Holzspießen fixieren.
6) Die Filets in heißem Öl braten. Dabei immer wenden.
7) Die Tomaten in die Kartoffeln geben. Die Gemüsebrühe dazu geben. Mit Salz und Pfeffer würzen.
8) Das Hähnchen mit den Kartoffeln servieren.

Schnitzel mit Pilzsoße

148 kcal, Kohlenhydrate 39 g | Eiweiß 35 g | Fett 12 g
(Nährwertangaben pro Portion)

Zubereitungszeit:25 min
Portionen:2
Schwierigkeit:Einfach

- 2 Putenschnitzel
- 100 g Spiralnudeln
- 200 g Champignons
- 150 g Pfifferlinge (Glas, Dose)
- 2 Zwiebeln
- 4 TL Öl
- Gemüsebrühe
- Salz, Pfeffer

---

1) Die Nudeln in Salzwasser bissfest kochen. Dann abgießen und abtropfen lassen.
2) Die Pilze putzen und klein schneiden. Die Pfifferlinge abtropfen lassen.
3) Das Fleisch abwaschen und mit Küchenpapier trocken tupfen.
4) Die Gemüsebrühe mit 50 ml Wasser ansetzen.
5) Die Zwiebeln schälen und in Stücke schneiden. Die Zwiebel in heißem Öl andünsten. Die Pilze dazu geben und 5 Minuten lang braten. Mit 100 ml Wasser ablöschen. Die Gemüsebrühe zugeben. Abbinden.
6) Die Schnitzel in einer Pfanne mit heißem Öl anbraten. Mit Salz und Pfeffer würzen.
7) Die Schnitzel mit den Nudeln und der Pilzmischung servieren.

Medaillons auf Nuss

127 kcal, Kohlenhydrate 31 g | Eiweiß 25 g | Fett 19 g
(Nährwertangaben pro Portion)

Zubereitungszeit:25 min
Portionen:2
Schwierigkeit:Einfach

- 4 Schweine-medaillons
- 80 g Tomaten
- 150 g Feldsalat
- 1 TL Senf
- 2 Haselnussblättchen
- 2 Zwiebeln
- 4 EL Essig
- Öl
- Salz, Pfeffer

---

1) Das Fleisch abwaschen und mit Küchenpapier trocken tupfen.
2) Tomaten waschen. Stiele entfernen und in etwa 3 mm dicke Scheiben schneiden. Den Feldsalat verlesen, waschen, trocken schütteln und klein schneiden.
3) Die Zwiebeln schälen und klein schneiden.
4) Die Haselnuss in einer Pfanne ohne Fett rösten. Die Medaillons hineinlegen und 2 Minuten von beiden Seiten scharf anbraten. Das Fleisch aus der Pfanne nehmen und warm stellen.
5) Die Zwiebel in heißem Öl andünsten. Mit 2 EL Wasser ablöschen. Den Essig zugeben. Mit Salz, Senf und Pfeffer würzen.
6) Das Fleisch mit dem Feldsalat servieren. Tomate darüber geben. Die Würzmischung darüber geben.

Schnitzel auf Bohnen

110 kcal, Kohlenhydrate 54 g | Eiweiß 45 g | Fett 24 g
(Nährwertangaben pro Portion)

Zubereitungszeit:25 min
Portionen:2
Schwierigkeit:Einfach

- 2 Schweineschnitzel
- 300 g Bohnen (Schneidebohnen)
- 2 Zwiebeln
- 2 Paprika rot
- 2 Eier
- 2 EL Paniermehl
- Thymian
- Saure Sahne
- Salz, Pfeffer

---

1) Die Bohnen waschen, putzen und dann in Salzwasser 20 Minuten köcheln. Danach abgießen.
2) Die Zwiebeln schälen und klein schneiden. Paprika waschen. Gehäuse und Stiel entfernen und in dicke Streifen schneiden.
3) Die Zwiebel in heißem Öl andünsten. Paprika dazu geben und einige Minuten dünsten. 100 ml Wasser zum Ablöschen verwenden. Die saure Sahne dazu geben. Die Bohnen untermischen.
4) Den Thymian waschen, trocken schütteln und klein hacken.
5) Die Eier aufschlagen und auf einem Teller verquirlen. Mit Salz und Pfeffer würzen. Auf einen zweiten Teller das Paniermehl mit dem Thymian geben.
6) Die Schnitzel im Ei und Paniermehl wälzen und braten.
7) Die Schnitzel servieren. Das Gemüse dazu reichen.

Tomatengulasch

460 kcal, Kohlenhydrate 47 g | Eiweiß 49 g | Fett 11 g
(Nährwertangaben pro Portion)

Zubereitungszeit:35 min
Portionen:2
Schwierigkeit:Einfach

- 375 g Gulasch, gemischt
- ½ Zwiebel
- 175 g Tomaten
- 1 Paprika
- Rosmarin
- Petersilie
- 1 EL Tomatenmark
- Paprikapulver, edelsüß
- Öl
- Salz, Pfeffer

---

1) Die Zwiebeln schälen und klein schneiden.
2) Paprika waschen. Gehäuse und Stiel entfernen und in dicke Streifen schneiden. Tomaten waschen. Stiele entfernen und in etwa 3 mm dicke Scheiben schneiden.
3) Die Petersilie und den Rosmarin waschen, trocken schütteln und klein hacken. Sie brauchen jeweils nur ½ Stiel.
4) Die Zwiebel und das Fleisch in heißem Öl andünsten. Mit Salz, Paprikapulver und Pfeffer würzen. Mit 300 ml Wasser ablöschen und 20 Minuten köcheln lassen. Die Kräuter, die Paprika und die Tomaten in das Gulasch geben. Abschmecken, evtl. nachwürzen und mit Deckel eine dreiviertel Stunde köcheln lassen.
5) Noch einmal abschmecken und dann servieren. Reis dazu geben.

Schnitzel überbacken

377 kcal, Kohlenhydrate 30 g | Eiweiß 39 g | Fett 31 g
(Nährwertangaben pro Portion)

Zubereitungszeit:30 min
Portionen:2
Schwierigkeit:Einfach

- 2 Schweineschnitzel
- 100 g Brokkoli
- 100 g Möhren
- 280 g Kartoffeln
- 100 g Champignons
- 50 g Mozzarella
- Gemüsebrühe
- Öl
- Salz, Pfeffer

---

1) Den Brokkoli von Blättern befreien. Den Strunk abschneiden und den Kohl in kleine Röschen teilen. Die Möhren schälen, in kleine Stücke schneiden und in Salzwasser bissfest kochen. Die Kartoffeln schälen, klein schneiden und dann in Salzwasser garen, abgießen und abtropfen lassen. Den Backofen auf 200 Grad vorheizen.
2) Die Pilze putzen und klein schneiden. Die Gemüsebrühe mit 200 ml Wasser ansetzen.
3) Die Schnitzel beidseitig anbraten. Mit Salz und Pfeffer würzen.
4) Die Pilze anbraten. Mit Salz und Pfeffer würzen. Den Käse in Scheiben schneiden. Pilze und Käse auf das Fleisch legen. Die Brühe dazu geben. Beides im Backofen bei 200 g etwa 5 Minuten backen. Und dann mit dem Gemüse servieren.

Schnitzel mit Bohnen

110,26 kcal, Kohlenhydrate 40 g | Eiweiß 37 g | Fett 23 g
(Nährwertangaben pro Portion)

Zubereitungszeit:25 min
Portionen:2
Schwierigkeit:Einfach

- 2 Schweineschnitzel
- 300 g Brechbohnen
- 2 Tomaten
- 6 Stiele Thymian
- 4 EL Öl
- 1 TL grüner Pfeffer
- 4 Scheiben Baguette
- Salz, Pfeffer

---

1) Die Bohnen waschen, die Enden und die Fäden abtrennen und danach die Bohnen in Salzwasser 15 – 20 Minuten köcheln bis sie gar sind. Danach abgießen.
2) Tomaten waschen, abbrühen, Haut abziehen und dann die Tomaten halbieren.
3) Den Thymian waschen, trocken schütteln und klein hacken.
4) Das Fleisch abwaschen und mit Küchenpapier trocken tupfen.
5) Die Zwiebel in heißem Öl andünsten. Die Schnitzel dazu legen und anbraten. Dabei wenden. Mit Salz und Pfeffer würzen. Den grünen Pfeffer dazu geben. Etwa 5 – 8 Minuten bei mittlerer Hitze weiter braten.
6) Die Tomaten, die Bohnen und den Thymian in die Pfanne geben. Alles 5 Minuten braten, abschmecken und evtl. nachwürzen. Dann servieren.

Chinakohlpfanne

190 kcal, Kohlenhydrate 5 g | Eiweiß 22 g | Fett 12 g
(Nährwertangaben pro Portion)

Zubereitungszeit:18 min
Portionen:2
Schwierigkeit:Einfach

- 150 g Schweineschnitzel
- 400 g Chinakohl
- 100 g Champignons
- 175 g Paprika
- 1 EL Tomatenmark
- 200 ml Asiafond
- Etwas Kerbel
- Petersilie
- Salz, Pfeffer

---

1) Den Chinakohl von Blättern befreien. Den Strunk abschneiden und den Kohl in kleine Röschen teilen. Die Pilze putzen und klein schneiden. Die Pilze putzen und klein schneiden.
2) Die Kräuter waschen, trocken schütteln und klein hacken.
3) Das Fleisch abwaschen und mit Küchenpapier trocken tupfen.
4) Die Schnitzel in eine Pfanne mit heißem Öl geben. Die Pilze und die Paprika dazu geben. Mit Salz und Pfeffer würzen. Alles etwa 3 Minuten braten.
5) Das Tomatenmark und den Asiafond in die Pfanne geben. Gut umrühren. Den Kohl dazu geben, ebenso die Kräuter. Nochmals gut durchrühren, abschmecken und evtl. nachwürzen. Dann servieren.

Hähnchen in Mandelkruste

143 kcal, Kohlenhydrate 30 g | Eiweiß 40 g | Fett 13 g
(Nährwertangaben pro Portion)

Zubereitungszeit:25 min
Portionen:2
Schwierigkeit:Einfach

- 2 Hähnchenfilets
- 30 g Mandelplättchen
- 100 g Bandnudeln
- 2 Eier
- Mehl
- Öl
- Salz, Pfeffer

---

1) Das Fleisch abwaschen und mit Küchenpapier trocken tupfen.
2) Die Nudeln in Salzwasser bissfest kochen. Dann abgießen und abtropfen lassen.
3) Die Eier auf einen Teller aufschlagen. Verquirlen. Mit Salz und Pfeffer würzen. Die Mandelplättchen auf einen zweiten Teller geben.
4) Die Filets mit Mehl bestäuben. Dann in dem Ei und danach in den Mandelblättchen wälzen.
5) Die Filets in einer Pfanne mit heißem ÖL eine viertel Stunde braten. In der Mitte der Zeit wenden.
6) Das Filet mit den Nudeln servieren. Buttergemüse passt gut dazu.

Gefüllte Steaks

267 kcal, Kohlenhydrate 32 g | Eiweiß 52 g | Fett 32 g
(Nährwertangaben pro Portion)

Zubereitungszeit:25 min
Portionen:2
Schwierigkeit:Einfach

- 60 g Langkornreis
- 2 Schweineschnitzel
- 125 g Mozzarella
- 200 g Kirschtomaten
- 5 EL Schlagsahne
- 1 EL Frischkäse
- 2 Stiele Basilikum
- Öl
- Salz, Pfeffer

---

1) Kochen Sie den Reis 18 – 25 min in Salzwasser bis er gar ist. Gießen Sie ihn danach ab und lassen Sie ihn abtropfen.
2) Das Fleisch abwaschen und mit Küchenpapier trocken tupfen.
3) Den Basilikum waschen, trocken schütteln und klein hacken.
4) Den Mozzarella in schmale Streifen schneiden. Tomaten waschen und dann halbieren.
5) Die Schnitzel mit Kräutern und Mozzarella belegen. Dann zusammenklappen und mit einem Holzspieß festhalten.
6) Die Schnitzel in einer Pfanne mit heißem Öl braten. Ab und zu wenden. Dann herausnehmen.
7) In der Pfanne die Tomaten anbraten. Den Frischkäse und die Schlagsahne dazu geben. Mit Salz und Pfeffer würzen.
8) Die Schnitzel mit dem Reis und der Käsesoße servieren.

Mozzarella-Burger

237 kcal, Kohlenhydrate 4,5 g | Eiweiß 33,3 g | Fett 4,5 g
(Nährwertangaben pro Portion)

Zubereitungszeit:20 min
Portionen:2
Schwierigkeit:Einfach

- 250 g Hackfleisch
- 75 g Mozzarella
- 25 g Butter
- 1 Zwiebel
- 1 Ei
- 1 EL Semmelbrösel
- 1 EL Kräuter, gehackt
- Salz, Pfeffer

---

1) Die Zwiebeln schälen und klein schneiden.
2) Den Mozzarella in dicke Scheiben schneiden.
3) Das Hackfleisch mit dem Ei, der Zwiebel, den Semmelbröseln und den Kräutern mischen. Salz und Pfeffer dazugeben. Alles gut durchmischen.
4) Aus dem Fleisch 8 Kugeln formen. In jede eine Scheibe Mozzarella drücken und dann daraus einen flachen Burger drücken.
5) Die Butter in einer Pfanne erhitzen. Wenn Sie flüssig ist, das Fleisch darin braten. Ab und zu wenden.
6) Burgerbrötchen mit Gemüse belegen. Etwas Tomatenmark oder Mayonnaise zugeben und die Käseburger einlegen.

Spargelteller mit Huhn

425 kcal, Kohlenhydrate 49,1 g | Eiweiß 30,7 g | Fett 6,5 g
(Nährwertangaben pro Portion)

Zubereitungszeit:20 min
Portionen:2
Schwierigkeit:Einfach

- 500 g Spargel
- 2 Stück Hühnerbrust
- ½ Bund Dill
- 100 g Paprika-Quark
- 15g Butter
- 1 Ei
- 50 g Crème fraîche
- Salz, Pfeffer

---

1) Spargel schälen. Die Enden abtrennen.
2) Den Dill waschen, trocken schütteln und klein hacken.
3) Das Fleisch abwaschen und mit Küchenpapier trocken tupfen.
4) Den Spargel in einen großen Topf mit etwas Salz und der Butter erhitzen. Etwa 14 – 20 Minuten lang kochen bis sie gar sind.
5) Das Ei 8 Minuten kochen. Dann kalt abschrecken. Die Schale abpellen und dann das Ei in kleine Würfel schneiden.
6) Die Hühnerbrüste in Scheiben schneiden und servieren. Das Ei darauf streuen. Den Spargel dazu servieren. Den Paprika-Quark und den Crème fraîche dazu reichen.

Gemüsereis mit Huhn

90 kcal, Kohlenhydrate 35,2 g | Eiweiß 16,0 g | Fett 5,3 g
(Nährwertangaben pro Portion)

Zubereitungszeit:35 min
Portionen:2
Schwierigkeit:Einfach

- 125 g Langkornreis
- 2 Hühnerbrüste
- 1 Paprika rot
- 1 Paprika gelb
- 1 Zucchini
- 1 Möhre
- 2 EL Rapsöl
- Paprikapulver, rosenscharf
- Salz, Pfeffer

---

1) Kochen Sie den Reis 18 – 25 min in Salzwasser bis er gar ist. Gießen Sie ihn danach ab und lassen Sie ihn abtropfen.
2) Paprika waschen. Gehäuse und Stiel entfernen und in dicke Streifen schneiden.
3) Zucchini schälen. Gehäuse entfernen. Zucchini in Scheiben schneiden.
4) Die Möhren schälen, in kleine Stücke schneiden und in Salzwasser bissfest kochen.
5) Das Fleisch abwaschen und mit Küchenpapier trocken tupfen. Dann in heißem Öl beidseitig scharf anbraten. Die Hühnerbrüste warm stellen.
6) Das Gemüse in der Pfanne mit heißem Rapsöl andünsten. Mit Paprika, Salz und Pfeffer würzen.
7) Die Hühnerbrüste mit dem Gemüse und dem Reis servieren.

Korkzieher mit Nudeln

365 kcal, Kohlenhydrate 6,5 g | Eiweiß 41,7 g | Fett 7,9 g
(Nährwertangaben pro Portion)

Zubereitungszeit:25 min
Portionen:2
Schwierigkeit:Einfach

- 200 g Korkzieher-Nudeln
- 200 g Hähnchenbrust
- 2 Fenchelknollen
- Kräuter der Provence
- 2 EL Olivenöl
- Salz, Pfeffer

---

1) Die Nudeln in Salzwasser bissfest kochen. Dann abgießen und abtropfen lassen.
2) Das Fleisch abwaschen und mit Küchenpapier trocken tupfen.
3) Den Fenchel schälen und klein schneiden.
4) Den Fenchel in einer Pfanne mit dem heißen Olivenöl anbraten bis er gar ist. Dann den Fenchel beiseitestellen.
5) Die Hähnchenbrust in dem heißen Öl beidseitig scharf anbraten. Mit Salz und Pfeffer würzen.
6) Den Fenchel auf zwei Teller verteilen. Die Hühnerbrust und die Nudeln dazu reichen.

Zwiebelsteak

229 kcal, Kohlenhydrate 36,8 g | Eiweiß 40,2 g | Fett 32,6 g
(Nährwertangaben pro Portion)

Zubereitungszeit:15 min
Portionen:2
Schwierigkeit:Einfach

- 2 Filetsteaks
- 1 Knoblauchzehe
- 2 EL Avocadoöl
- 2 Zwiebeln
- 100 g getrocknete Tomaten in Öl
- 1 El Zucker
- 100 g Vollkornbaguette

---

1) Das Fleisch abwaschen und mit Küchenpapier trocken tupfen.
2) Knoblauchzehen schälen und klein schneiden. Die Zwiebeln schälen und klein schneiden.
3) Die Tomaten klein schneiden.
4) Die Steaks einölen. Auf beide Seiten Pfeffer geben. Die Steaks zur Seite stellen und etwas ziehen lassen.
5) Das Avocadoöl in einer Pfanne erhitzen. Darin die Filets beidseitig anbraten.
6) Die Zwiebel und die Tomate in heißem Öl andünsten. Zucker dazu geben. Alles gut umrühren.
7) Das Baguette in mundgerechte Stücke schneiden und auf zwei Teller verteilen. Die Steaks dazu anrichten.

Entenbrust mit Salat

550 kcal, Kohlenhydrate 0,8 g | Eiweiß 15,3 g | Fett 19,3 g
(Nährwertangaben pro Portion)

Zubereitungszeit:25 min
Portionen:2
Schwierigkeit:Einfach

- 125 g Feldsalat
- 200 g Entenbrust
- ½ EL Kürbiskerne
- 6 El Sonnenblumenöl
- 1 El Balsamico
- 1 Prise Zucker
- Salz, Pfeffer

---

1) Den Feldsalat verlesen, waschen, trocken schütteln und klein schneiden.
2) Das Fleisch abwaschen und mit Küchenpapier trocken tupfen.
3) 3 EL Sonnenblumenöl mit dem Balsamico vermischen. Die Kürbiskerne und eine Prise Zucker zugeben. Mit Salz und Pfeffer würzen. Alles gut mischen. Das Dressing durchziehen lassen.
4) Das restliche Öl in eine Pfanne geben und erhitzen. Die Entenbrust scharf anbraten. Dabei immer einmal wenden.
5) Die Entenbrust tranchieren.
6) Eine Scheibe Entenbrust mit etwas Salat servieren. Das Dressing über den Salat geben.

Hähnchenbrust mit Letcho

550 kcal, Kohlenhydrate 59,1 g | Eiweiß 43,8 g | Fett 14,7 g
(Nährwertangaben pro Portion)

Zubereitungszeit:25 min
Portionen:2
Schwierigkeit:Einfach

- 2 Hähnchenbrüste
- 3 Paprika bunt
- 3 Tomaten
- 125 g Langkornreis
- 1 TL Paprikapulver, edelsüß
- 3 EL Olivenöl
- 2 Zwiebeln
- Salz, Pfeffer

---

1) Das Fleisch abwaschen und mit Küchenpapier trocken tupfen.
2) Paprika waschen. Gehäuse und Stiel entfernen und in dicke Streifen schneiden. Tomaten waschen und in etwa 3 mm dicke Scheiben schneiden. Die Zwiebeln schälen und klein schneiden.
3) Kochen Sie den Reis 18 – 25 Minuten in Salzwasser bis er gar ist. Gießen Sie ihn danach ab und lassen Sie ihn abtropfen.
4) Die Zwiebel andünsten. Die Tomaten und die Paprika dazu geben. Mit Salz, Paprikapulver und Pfeffer würzen. Deckel aufsetzen und 10 – 14 Minuten bei mittlerer Hitze dünsten.
5) Mit dem restlichen Öl die Hähnchenbrüste anbraten. Mit Salz, Paprikapulver und Pfeffer würzen.
6) Das Fleisch mit dem Letcho servieren.

Hüftsteak mit Kartoffeln

106 kcal, Kohlenhydrate 41,0 g | Eiweiß 57,9 g | Fett 28,5 g
(Nährwertangaben pro Portion)

Zubereitungszeit:50 min
Portionen:2
Schwierigkeit:Einfach

- 2 Hüftsteaks
- 2 große Kartoffeln
- 200 g Magerquark
- 1 Zwiebel
- Schnittlauch
- 4 EL Rapsöl
- Salz, Pfeffer

---

1) Den Backofen auf 200 Grad vorheizen.
2) Die Kartoffeln gut abwaschen. Dann in Alufolie einrollen, in den Backofen legen und 50 Minuten garen.
3) Die Zwiebeln schälen und klein schneiden.
4) Den Schnittlauch waschen, trocken schütteln und klein hacken.
5) Den Quark mit den Zwiebeln und dem Schnittlauch verrühren. 2 EL Rapsöl dazu geben. Mit Salz und Pfeffer würzen. Abschmecken. Gut durchmischen.
6) Das Fleisch abwaschen und mit Küchenpapier trocken tupfen.
7) Die Steaks in dem übrigen Rapsöl 3 Minuten anbraten. Mit Salz und Pfeffer würzen.
8) Die Kartoffeln aus der Folie wickeln und auf einem Teller servieren. Den Quark und die Steaks dazu reichen.

Jägerlatein

303 kcal, Kohlenhydrate 48,9 g | Eiweiß 38,1 g | Fett 15,1 g
(Nährwertangaben pro Portion)

Zubereitungszeit:40 min
Portionen:2
Schwierigkeit:Einfach

- 2 Kalbsschnitzel
- 50 g Lauchzwiebeln
- 100 g Steinpilze
- 125 g Bandnudeln
- 75 g Sahne
- Gemüsebrühe
- 2 EL Rapsöl
- Salz, Pfeffer

---

1) Die Nudeln in Salzwasser bissfest kochen. Dann abgießen und abtropfen lassen.
2) Die Gemüsebrühe mit 75 ml Wasser ansetzen.
3) Die Pilze putzen und klein schneiden.
4) Die Lauchzwiebeln waschen. Die Wurzelansätze entfernen und dann die Lauchzwiebeln in kleine Ringe schneiden.
5) Das Fleisch abwaschen und mit Küchenpapier trocken tupfen. Mit Salz und Pfeffer würzen und mit 1 EL Rapsöl von beiden Seiten anbraten. Dann warm stellen.
6) In das Bratenfett die Sahne geben. Mit Salz und Pfeffer würzen. Die Soße zur Seite stellen.
7) Das Öl in einer Pfanne erhitzen. Das Gemüse in die Pfanne geben und 10 Minuten dünsten.
8) Das Fleisch mit dem Gemüse und der Soße servieren.

Schnitzel Cordon bleu

155 kcal, Kohlenhydrate 2,0 g | Eiweiß 47,5 g | Fett 17,1 g
(Nährwertangaben pro Portion)

Zubereitungszeit:30 min
Portionen:2
Schwierigkeit:Einfach

- 2 Kalbsschnitzel
- 75 g Mozzarella
- 25 g Champignons
- 2 Tomaten
- 1 Zucchini
- etwas Basilikum
- ¼ Bund Petersilie
- Rapsöl
- Salz, Pfeffer

---

1) Die Pilze putzen und klein schneiden. Tomaten waschen. Stiele entfernen und in etwa 3 mm dicke Scheiben schneiden. Zucchini schälen. Gehäuse entfernen. Zucchini in Scheiben schneiden.
2) Das Gemüse in einer Pfanne mit Öl andünsten. Mit Salz und Pfeffer würzen.
3) Die Petersilie und den Basilikum waschen, trocken schütteln und klein hacken.
4) Den Mozzarella in 4 Scheiben schneiden.
5) In die Schnitzel mit einem scharfen Messer eine Tasche schneiden lassen. Sie können dies beim Metzger tun lassen.
6) In die Schnitzel die Kräuter und den Käse füllen. Die Schnitzel in einer Pfanne mit heißem Öl anbraten und dann mit dem Gemüse servieren.

Zitronenlamm

135 kcal, Kohlenhydrate 33,9 g | Eiweiß 57,6 g | Fett 47,3 g
(Nährwertangaben pro Portion)

Zubereitungszeit:50 min
Portionen:2
Schwierigkeit:Einfach

- 500 g Lammbraten
- 1 Knoblauchzehe
- 2 Zitronen
- 400 g Kartoffeln
- 2 Möhren
- 3 Frühlingszwiebeln
- 1 Zweig Rosmarin
- Öl
- Salz, Pfeffer

---

1) Das Fleisch in 4 Stücke schneiden und dann in einen Bräter legen.
2) Knoblauchzehen schälen und klein schneiden. Die Möhren schälen, in kleine Stücke schneiden und in Salzwasser bissfest kochen. Die Kartoffeln schälen und in kleine Würfel schneiden. Die Frühlingszwiebeln waschen. Die Wurzelansätze entfernen und dann in kleine Ringe schneiden.
3) Den Rosmarin waschen, trocken schütteln und klein hacken. Die Zitronen ausdrücken.
4) Das Gemüse in den Bräter geben. Den Zitronensaft über das Fleisch und das Gemüse geben. Rosmarin darüber streuen. Mit Salz und Pfeffer würzen. Den Bräter 40 min bei 200 Grad in den Backofen stellen.
5) Das Fleisch mit dem Gemüse servieren.

Lamm mariniert

139 kcal, Kohlenhydrate 39,1 g | Eiweiß 23,6 g | Fett 51,3 g
(Nährwertangaben pro Portion)

Zubereitungszeit:210 min
Portionen:2
Schwierigkeit:Einfach

- 4 Lammkoteletts
- 2 Knoblauchzehen
- 500 g Kartoffeln
- 2 Tomaten
- 75 ml Olivenöl
- 1 EL Balsamico
- Rosmarin
- Salz, Pfeffer

---

1) Knoblauchzehen schälen und zerdrücken. Die Kartoffeln schälen, in große Stücke schneiden. Tomaten waschen. Den Rosmarin klein hacken.
2) Das Fleisch abwaschen und mit Küchenpapier trocken tupfen.
3) Das Olivenöl mit dem Balsamico und dem Knoblauch mischen. Mit Salz und Pfeffer würzen. In dieser Marinade die Lammkoteletts einlegen und 3 Stunden ziehen lassen.
4) Die Kartoffeln mit Öl einpinseln, mit Rosmarin bestreuen, würzen und anbraten.
5) Die Tomaten kreuzweise aufschneiden, mit Pfeffer würzen und im Backofen anbraten.
6) Das Lamm scharf anbraten und dann mit den Tomaten und den Kartoffeln servieren. Den Dip dazu reichen.

Lamm mit Reis

153 kcal, Kohlenhydrate 53,6 g | Eiweiß 30,5 g | Fett 23,5 g
(Nährwertangaben pro Portion)

Zubereitungszeit:45 min
Portionen:2
Schwierigkeit:Einfach

- 125g Wildreis
- 400 g Lammrücken
- 1 Zwiebel
- 1 Knoblauchzehe
- 100 g Schmand
- 2 EL Olivenöl
- Salz, Pfeffer

---

1) Kochen Sie den Reis 18 – 25 Minuten in Salzwasser bis er gar ist. Gießen Sie ihn danach ab und lassen Sie ihn abtropfen.
2) Die Zwiebeln schälen und klein schneiden. Knoblauchzehen schälen und klein schneiden.
3) Das Fleisch abwaschen, mit Küchenpapier trocken tupfen, mit Pfeffer einreiben und dann im Olivenöl 5 min anbraten. Zwiebel und Knoblauch dazu geben und mitbraten.
4) Gemüse mit Salzwasser garen. Abgießen und abtropfen lassen.
5) Das Lamm mit dem Gemüse und etwas Bratensaft servieren.

Reisfleisch

193 kcal, Kohlenhydrate 53,6 g | Eiweiß 36,1 g | Fett 11,8 g
(Nährwertangaben pro Portion)

Zubereitungszeit:35 min
Portionen:2
Schwierigkeit:Einfach

- 1 Beutel Langkorn-Reis
- 250 g Schweinefleisch
- 1 Möhre
- ½ Stange Lauch
- 2 EL Sojasoße
- Weinessig
- Rapsöl
- Zucker
- Salz, Pfeffer

---

1) Die Möhren schäle, in kleine Stücke schneiden und in Salzwasser bissfest kochen.
2) Die Lauchzwiebel waschen. Die Wurzelansätze entfernen und dann die Lauchzwiebeln in kleine Ringe schneiden.
3) Kochen Sie den Reis 18 – 25 min in Salzwasser bis er gar ist. Gießen Sie ihn danach ab und lassen Sie ihn abtropfen.
4) Das Fleisch abwaschen und mit Küchenpapier trocken tupfen.
5) In einer Pfanne mit heißem Öl das Fleisch anbraten. Ab und zu wenden. Mit Salz und Pfeffer würzen. Die Soja-Soße, etwas Zucker und den Essig ebenfalls hinzugeben. Mit 125 ml Wasser ablöschen. 5 – 10 Minuten köcheln lassen und dann mit dem Reis servieren.

Schweinegulasch in Paprika

111 kcal, Kohlenhydrate 2,8 g | Eiweiß 14,6 g | Fett 12,8 g
(Nährwertangaben pro Portion)

Zubereitungszeit:80 min
Portionen:2
Schwierigkeit:Einfach

- 200 g Rindfleisch
- 200 g Schweinefleisch
- 1 rote Paprika
- 1 Zwiebel
- Spätzle
- Gemüsebrühe
- Paprikapulver edelsüß
- Öl
- Salz, Pfeffer

---

1) Paprika waschen. Gehäuse und Stiel entfernen und in dicke Streifen schneiden. Die Zwiebeln schälen und klein schneiden.
2) Die Gemüsebrühe mit 250 ml Wasser ansetzen.
3) Das Fleisch abwaschen, mit Küchenpapier trocken tupfen und dann in große Stücke schneiden.
4) Das Fleisch in einer Pfanne mit heißem Öl scharf anbraten. Wenden. Die Zwiebeln und die Paprikastreifen in die Pfanne geben. Mit der Gemüsebrühe ablöschen und die Hitze etwas zurücknehmen. Das Gulasch zugedeckt eine Stunde köcheln lassen. Abschmecken und evtl. nachwürzen.
5) Die Spätzle nach Packungsanleitung in Salzwasser kochen, abgießen und abtropfen lassen.
6) Die Spätzle mit dem Gulasch servieren.

Schnitzel Toscana

126 kcal, Kohlenhydrate 14 g | Eiweiß 8 g | Fett 4 g
(Nährwertangaben pro Portion)

Zubereitungszeit:30 min
Portionen:2
Schwierigkeit:Einfach

- 2 Schweineschnitzel
- 75 Champignons
- 2 Tomaten
- 125 g Mozzarella
- 1 Knoblauchzehe
- 1 Dose geschälte Tomaten
- Olivenöl
- Basilikum
- Salz, Pfeffer

---

1) Die Pilze putzen und klein schneiden. Tomaten putzen. und in Scheiben schneiden.
2) Knoblauchzehen klein schneiden.
3) Das Fleisch würzen.
4) Den Käse in Scheiben schneiden.
5) Den Basilikum waschen, trocken schütteln und klein hacken.
6) Das Olivenöl in einer Pfanne erhitzen und darin die Schnitzel anbraten.
7) Die Pilze in heißem Öl andünsten.
8) In einen Topf die passierten Tomaten geben und erhitzen. Basilikum, Salz, Pfeffer und den Knoblauch dazu geben. Umrühren und aufkochen lassen.
9) Die Soße und das Fleisch in eine Auflaufform geben. Die Pilze, die Tomaten und den Käse darauflegen und bei 200 Grad backen, bis der Käse zerlaufen ist. Dann servieren.

Spaghetti mit Bohnen

323 kcal, Kohlenhydrate 29,7 g | Eiweiß 14,7 g | Fett 5,8 g
(Nährwertangaben pro Portion)

Zubereitungszeit:40 min
Portionen:2
Schwierigkeit:Einfach

- 100 g Spaghetti
- 300 g dicke Bohnen
- 150 g Parmaschinken
- 125 g Mozzarella
- 2 Stängel Basilikum
- 1 ½ EL Avocadoöl
- 75 g Crème fraîche
- Salz, Pfeffer

---

1) Die Nudeln in Salzwasser bissfest kochen. Dann abgießen und abtropfen lassen. ½ EL Avocadoöl zugeben und einmischen.
2) Die Bohnen waschen, die Enden und die Fäden abtrennen und danach die Bohnen in Salzwasser 15 – 20 Minuten köcheln bis sie gar sind. Danach abgießen.
3) Den Basilikum waschen, trocken schütteln und klein hacken.
4) Den Schinken und den Mozzarella in kleine Würfel schneiden.
5) Die Bohnen mit etwa 4 EL Wasser und dem Basilikum pürieren. Das Avocadoöl und den Crème fraîche dazu mischen. Mit Salz und Pfeffer würzen. Das Püree erhitzen und dann servieren. Die Nudeln dazu reichen. Die Käse-Schinkenwürfel über die Teller streuen.

Spargel-Schinkenröllchen

105 kcal, Kohlenhydrate 7,5 g | Eiweiß 12,5 g | Fett 2,5 g
(Nährwertangaben pro Portion)

Zubereitungszeit:20 min
Portionen:2
Schwierigkeit:Einfach

- 12 Stangen Spargel
- 6 Scheiben Kochschinken
- ½ Bund Petersilie
- 100 g Allgäuer-Käse
- 1 TL Butter
- Zucker
- Salz

---

1) Spargel schälen. Die Enden abschneiden und den Spargel in Salzwasser kochen. Die Butter, eine Prise Zucker und etwas Salz dazugeben.
2) Die Petersilie waschen, trocken schütteln und klein hacken.
3) Den Allgäuer-Käse in dicke Scheiben schneiden.
4) Den Spargel nach 15 – 20 Minuten kochen abgießen und abtropfen lassen. Dann je zwei Stangen in eine Scheibe Kochschinken wickeln und auf einen Teller legen. Mit dem Käse belegen. Petersilie aufstreuen.

Spaghetti-Omelette

440 kcal, Kohlenhydrate 6,0 g | Eiweiß 24,0 g | Fett 24,1 g
(Nährwertangaben pro Portion)

Zubereitungszeit:25 min
Portionen:2
Schwierigkeit:Einfach

- 100 g Spaghetti
- 50 g Spinat (Glas)
- 50 g Schinken
- 75 g Mozzarella
- 30 g Parmesan
- 3 Eier
- ½ Bund Petersilie
- Öl
- Salz, Pfeffer

---

1) Die Nudeln in Salzwasser bissfest kochen. Dann abgießen und abtropfen lassen.
2) Die Petersilie waschen, trocken schütteln und klein hacken.
3) Mozzarella und Schinken klein würfeln und vermischen.
4) Die Eier aufschlagen und mit Salz und Pfeffer verquirlen. Spinat, Petersilie, den Parmesan und die Nudeln hinzufügen. Alles gut mischen und in einer Pfanne mit heißem Öl backen.
5) Das Omelett mit dem Schinken- Mozzarella bestreuen und mit einem Wender abheben und umdrehen und von der anderen Seite leicht anbraten.
6) Das fertige Omelett abheben und servieren.

Reis nach Förster-Art

764 kcal, Kohlenhydrate 52,3 g | Eiweiß 27,1 g | Fett 11,3 g
(Nährwertangaben pro Portion)

Zubereitungszeit:35 min
Portionen:2
Schwierigkeit:Einfach

- 150 g Langkornreis
- 125 Champignons
- 2 Frühlingszwiebeln
- 2 Schweine-medaillons
- 25 g Butter
- 75 g Crème fraîche
- Petersilie
- Öl
- Salz, Pfeffer

---

1) Kochen Sie den Reis 18 – 25 Minuten in Salzwasser bis er gar ist. Gießen Sie ihn danach ab und lassen Sie ihn abtropfen.
2) Die Pilze putzen und klein schneiden.
3) Die Frühlingszwiebeln waschen. Die Wurzelansätze entfernen und dann in kleine Ringe schneiden.
4) Die Petersilie waschen, trocken schütteln und klein hacken.
5) Die Frühlingszwiebeln mit den Pilzen in der zerlassenen Butter andünsten. Mit Salz und Pfeffer würzen. Mit Wasser ablöschen. Crème fraîche und die Petersilie einrühren. Abschmecken und evtl. nachwürzen.
6) Das Fleisch abwaschen, mit Küchenpapier trocken tupfen und in einer Pfanne mit heißem Öl von beiden Seiten scharf anbraten.
7) Das Fleisch mit dem Gemüse und dem Bratensud servieren.

Schinken-Nudeln

158 kcal, Kohlenhydrate 8,8 g | Eiweiß 1,4 g | Fett 3,0 g
(Nährwertangaben pro Portion)

Zubereitungszeit:25 min
Portionen:2
Schwierigkeit:Einfach

- 250 g Spiralnudeln
- 125 g Kochschinken
- 125 g Mozzarella
- 1 Zwiebel
- 2 Eier
- 2 El Sahne
- Gemüsebrühe
- Öl
- Salz, Pfeffer

---

1) Die Nudeln in Salzwasser bissfest kochen. Dann abgießen und abtropfen lassen.
2) Die Zwiebel schälen und klein schneiden.
3) Den Mozzarella und den Schinken würfeln (nicht zusammen geben).
4) Die Gemüsebrühe mit 75 ml Wasser ansetzen.
5) Die Zwiebel in heißem Öl andünsten. Die Schinkenwürfel dazugeben und kurz andünsten. Mit der Gemüsebrühe ablöschen.
6) Die Eier aufschlagen, verquirlen und die Sahne zugeben. Mit Salz und Pfeffer würzen.
7) In die Nudeln etwas Öl geben, gut durchmischen und wenig Hitze zuführen. Die Eimischung und den Mozzarella hinzufügen. Alles gut durchmischen. Abschmecken, evt. nachwürzen und dann servieren.

Gemüsesuppe mit Fleisch

41 kcal, Kohlenhydrate 28,4 g | Eiweiß 27,4 g | Fett 12,5 g
(Nährwertangaben pro Portion)

Zubereitungszeit:45 min
Portionen:2
Schwierigkeit:Einfach

- 400 g Gemüse der Saison
- 200 g Rindfleisch
- 2 Kartoffeln
- 1 Zwiebel
- 30 g Hafer
- Gemüsebrühe
- Salz, Pfeffer

---

1) Das Gemüse waschen und putzen.
2) Die Kartoffeln schälen und in kleine Würfel schneiden.
3) Die Zwiebeln schälen und klein schneiden.
4) Die Gemüsebrühe mit 50 ml Wasser ansetzen.
5) Das Fleisch abwaschen, mit Küchenpapier trocken tupfen und in große Stücke schneiden.
6) Die Zwiebel in heißem Öl andünsten. Das Gemüse dazu geben und mitdünsten. Mit Salz und Pfeffer würzen. Mit der Gemüsebrühe ablöschen.
7) Den Hafer dazu geben und alles kurz aufkochen. Das Fleisch und die Kartoffelstücke hineingeben, gut durchmischen, evtl. nachwürzen und 25 Minuten zugedeckt köcheln lassen.
8) Die Fleisch-Gemüsemischung servieren. Reis oder Nudeln dazu reichen.

Schnitzel Holstein

590 kcal, Kohlenhydrate 53,2 g | Eiweiß 7,1 g | Fett 5,32 g
(Nährwertangaben pro Portion)

Zubereitungszeit:30 min
Portionen:2
Schwierigkeit:Einfach

- 2 Kalbsschnitzel
- 4 Ölsardinen
- 6 Sardellenfilets
- 2 Scheiben Räucherlachs
- 1 Zwiebel
- Dill
- Petersilie
- 2 Scheiben Toast
- Salz, Pfeffer

---

1) Das Fleisch flach klopfen. Mit Salz und Pfeffer würzen.
2) In einer Pfanne mit heißem Öl die Schnitzel von beiden Seiten braten. Danach warm stellen.
3) Den Dill waschen, trocken schütteln und klein hacken.
4) Die Petersilie waschen, trocken schütteln und klein hacken.
5) Die Zwiebeln schälen und klein schneiden.
6) Die Toastscheiben mit den Sardinen, dem Lachs und den Sardellen belegen. Kräuter aufstreuen und dann in einer Pfanne mit heißem Öl anbraten.
7) In einer weiteren Pfanne mit heißem Öl die Eier braten. Mit Salz und Pfeffer würzen. Die Spiegeleier auf die Toastscheiben legen.
8) Den Toast mit den Schnitzeln servieren. Bratkartoffeln dazu reichen.

Wildschweinbraten leicht

39 kcal, Kohlenhydrate 1,2 g | Eiweiß 7,2 g | Fett 9,6 g
(Nährwertangaben pro Portion)

Zubereitungszeit:60 min
Portionen:2
Schwierigkeit:Einfach

- 400 g Wildschweinrücken
- 125 ml Wildfond
- 100 g Pfifferlinge
- ½ Zwiebel
- 20 g Butterschmalz
- ½ Bund Basilikum
- 4 Kirschtomaten
- Salz, Pfeffer

---

1) Die Pilze abgießen und abtropfen lassen. Die Zwiebel schälen und klein schneiden.
2) Den Backofen auf 200 Grad vorheizen.
3) Das Fleisch abwaschen, mit Küchenpapier trocken tupfen und mit Salz und Pfeffer würzen.
4) Das Butterschmalz zerlassen. Das Fleisch darin anbraten. Ab und zu wenden.
5) Tomaten waschen und halbieren. Den Basilikum waschen, trocken schütteln und klein hacken.
6) In einen Bräter den Fond geben. Das Fleisch hineinsetzen. Tomaten und Kräuter hinzugeben. Alles im Backofen 40 Minuten backen.
7) Die Zwiebel und die Pilze in heißem Öl andünsten. Mit Salz und Pfeffer würzen.
8) Das Fleisch servieren. Die Pilze dazu anrichten. Nudeln dazu reichen.

Wildsalat mit Pfifferlingen

230 kcal, Kohlenhydrate 26,8 g | Eiweiß 30,4 g | Fett 26,8 g
(Nährwertangaben pro Portion)

Zubereitungszeit:90 min
Portionen:2
Schwierigkeit:Einfach

- 50 g Pfifferlinge
- 100 g Rehbraten
- 125 g Weintrauben
- 1 Birne
- 125 g Camembert
- 75 g Schmand
- Preiselbeerkompott
- 2 EL Cognac
- 3 EL Orangensaft

---

1) Die Pilze putzen und klein schneiden. Die Pilze in heißem Öl andünsten. Mit Salz und Pfeffer würzen.
2) Das Fleisch abwaschen und mit Küchenpapier trocken tupfen.
3) Die Birne schälen, das Gehäuse entfernen und in kleine Stückchen schneiden.
4) Die Weintrauben waschen.
5) Das Reh anbraten, schmoren lassen. Danach abkühlen lassen und in Scheiben schneiden.
6) Den Käse in Scheiben schneiden.
7) In einer Salatschüssel das Fleisch mit den Birnenstückchen, den Weintrauben und Pilzen vermischen. Den Schmand unterrühren. Den Cognac und den Saft hineinmischen. Alles gut durchmengen und dann servieren. Das Preiselbeerkompott dazu reichen.

Gans klassisch

166 kcal, Kohlenhydrate 1,3 g | Eiweiß 12,1 g | Fett 24,8 g
(Nährwertangaben pro Portion)

Zubereitungszeit:4 ½ h
Portionen:2
Schwierigkeit:Einfach

- ½ Gans (ca. 2 kg)
- 1 Pack Suppengrün
- 1 Zwiebel
- 2 Knoblauchzehen
- 2 Zweige Rosmarin
- 2 Zweige Thymian
- 2 Lorbeerblätter
- 200 ml Rotwein
- Salz, Pfeffer

---

1) Die Zwiebeln schälen und klein schneiden. Knoblauchzehen schälen und klein schneiden.
2) Den Thymian und den Rosmarin waschen, trocken schütteln und klein hacken.
3) Den Backofen auf 200 Grad vorheizen.
4) Das Suppengrün putzen und klein schneiden.
5) Die Ganz abwaschen.
6) Die Zwiebel in heißem Öl andünsten. Das Suppengrün hinzugeben und mitdünsten.
7) Die Gans mit Salz und Pfeffer einreiben. Kräuter, Lorbeer und Knoblauch in die Gans füllen.
8) Die Gans mit Holzstäbchen schließen und in einen Bräter legen. Diesen 3 – 4 Stunden im Backofen braten. Nach 1 h den Rotwein zugießen.
9) Die Gans mit dem Gemüse servieren. Klöße dazu reichen.

Pizza mit Auberginen

403 kcal, Kohlenhydrate 2,9 g | Eiweiß 4,68 g | Fett 6,04 g
(Nährwertangaben pro Portion)

Zubereitungszeit:10 min
Portionen:2
Schwierigkeit:Einfach

- 1 Pizzateig
- 2 Auberginen
- 2 Zucchini
- 2 EL Tomatenmark
- 2 EL Ketchup
- 100 g Hähnchenbrust
- 125 g Mozzarella
- Öl
- Salz, Pfeffer

---

1) Das Fleisch abwaschen und mit Küchenpapier trocken tupfen. In einer Pfanne mit heißem Öl die Hähnchenbrust braten. Dann abkühlen lassen und in schmale Streifen schneiden.
2) Den Mozzarella in schmale Scheiben schneiden.
3) Zucchini schälen. Gehäuse entfernen. Zucchini in Scheiben schneiden. Die Auberginen waschen. Stiel entfernen und in dicke Scheiben schneiden.
4) Den Backofen vorheizen (160°).
5) Ein Backblech mit Mehl bestreuen. Den Pizzateig darauf ausrollen und mit dem Tomatenmark und den Ketchup bestreichen. Das Fleisch, die Auberginen und die Zucchini auf dem Teig verteilen. Obenauf den Mozzarella legen. Die Pizza im Backofen 11 – 15 Minuten backen und dann servieren.

Curry-Geschnetzeltes

109 kcal, Kohlenhydrate 9,7 g | Eiweiß 2,3 g | Fett 12 g
(Nährwertangaben pro Portion)

Zubereitungszeit:45 min
Portionen:2
Schwierigkeit:Einfach

- 125 g Langkornreis
- 250 Putenbrust-Filet
- 2 TL Curry-Pulver
- 20 g Butter
- 1 Banane
- 1 Pfirsich
- 125 g Mozzarella
- Salz, Pfeffer

---

1) Kochen Sie den Reis 18 – 25 Minuten in Salzwasser bis er gar ist. Gießen Sie ihn danach ab und lassen Sie ihn abtropfen.
2) Das Fleisch abwaschen, mit Küchenpapier trocken tupfen und in Streifen schneiden.
3) Den Mozzarella in dicke Scheiben schneiden.
4) Die Banane schälen und in Stücke schneiden. Den Pfirsich schälen. Kern entfernen. Die Frucht in Stücke schneiden.
5) Die Butter in einer großen Pfanne erhitzen. Das Fleisch hineingeben und anbraten. Mit Salz, dem Curry und Pfeffer würzen. Das Fleisch herausnehmen.
6) In der Pfanne Pfirsich und Banane anbraten. Das Fleisch und den Käse unterheben. Gut durchmischen und köcheln lassen. Das Geschnetzelte mit dem Reis servieren.

Pute mit Wirsingröllchen

257 kcal, Kohlenhydrate 5,1 g | Eiweiß 39 g | Fett 18,1 g
(Nährwertangaben pro Portion)

Zubereitungszeit:35 (+40) min
Portionen:2
Schwierigkeit:Einfach

- 600 g Putenfleisch
- 1 Bund Suppengrün
- 1 Zwiebel
- 1 Wirsingkopf
- 1 Möhre
- 50 g Kochschinken
- 75 g Schmand
- Muskat
- Öl
- Salz, Pfeffer

---

1) Das Putenfleisch in einer Pfanne mit heißem Öl anbraten.
2) Den Putenbraten in einen Bräter legen. Backofen vorheizen (160°).
3) Die Zwiebel schälen und klein schneiden. Das Suppengrün putzen und klein schneiden.
4) Möhre schälen und raspeln. Kochschinken in Würfel schneiden.
5) Zwiebel und Suppengrün zum Putenfleisch geben und im Backofen anbraten.
6) Den Wirsing putzen und blanchieren und 4 große Blätter lösen.
7) In jedes Wirsingblatt Kochschinkenwürfel und Möhre einrollen. Die Röllchen anbraten, mit Salz, Muskat und Pfeffer würzen. Schmand zugeben.
8) Die Wirsingröllchen mit der Pute servieren.

Pute mit Steinpilzen

267 kcal, Kohlenhydrate 4,7 g | Eiweiß 28,7 g | Fett 9,1 g
(Nährwertangaben pro Portion)

Zubereitungszeit:40 min
Portionen:2
Schwierigkeit:Einfach

- 200 g Steinpilze
- 2 Putenschnitzel
- 100 g Bandnudeln
- 1 ½ EL Avocadoöl
- 100 g Gouda (oder Reibekäse)
- 100 ml Sahne
- Salz, Pfeffer

---

1) Die Nudeln in Salzwasser bissfest kochen. Dann abgießen und abtropfen lassen.
2) Das Fleisch abwaschen und mit Küchenpapier trocken tupfen.
3) Das Avocadoöl in einer Pfanne erhitzen. Die Putenschnitzel von beiden Seiten kräftig anbraten. Mit Salz und Pfeffer würzen. Danach die Putenschnitzel aus der Pfanne nehmen und warm stellen.
4) In der Pfanne die Pilze anbraten.
5) Den Käse reiben. Sie können auch fertigen Reibekäse verwenden.
6) Den geriebenen Käse mit der Sahne vermischen und dann in die Pilze geben. Die Sahne dazu geben. Mit Salz und Pfeffer würzen.
7) Die Pilze mit der Soße, den Putenschnitzeln und den Nudeln servieren.

Putenroulade pikant

310 kcal, Kohlenhydrate 81,3g | Eiweiß 35 g | Fett 18 g
(Nährwertangaben pro Portion)

Zubereitungszeit:10 min
Portionen:2
Schwierigkeit:Einfach

- 200 g Putenschnitzel
- 1 Zwiebel
- 75 g Champignons
- 75 g saure Sahne
- 500 g Kartoffeln
- 125 ml Milch
- 1 EL Kräutermischung
- Öl
- Muskat
- Senf
- Salz, Pfeffer

---

1) Das Fleisch abwaschen und mit Küchenpapier trocken tupfen.
2) Die Zwiebeln schälen und klein schneiden. Die Pilze putzen und klein schneiden.
3) Die Kartoffeln schälen und kochen. Wenn sie gar sind, die Milch und die Sahne zugeben. Durchstampfen, mit Salz, Muskat und Pfeffer würzen.
4) Putenschnitzel mit Senf bestreichen.
5) Zwiebel in heißem Öl andünsten. Pilze dazu geben und dünsten. Die Kräutermischung, Salz und Pfeffer dazu geben. Die Mischung etwas abkühlen lassen und dann auf die Putenschnitzel auftragen. Die Pute zusammenrollen, mit einem Holzspieß fixieren und dann in einer Pfanne mit heißem Öl anbraten.
6) Die Putenschnitzel mit dem Kartoffelbrei servieren.

Hühnchen mit Pita-Brot

109 kcal, Kohlenhydrate 0,7 g | Eiweiß 35,4 g | Fett 3,7 g
(Nährwertangaben pro Portion)

Zubereitungszeit:30 min
Portionen:2
Schwierigkeit:Einfach

- 1 Hühnerbrust
- 2 Frühlingszwiebeln
- 30 g Spinatblätter
- 60 g Gurke
- 30 g Joghurt
- 2 Zweige Minze
- 2 Zweige Koriander
- 2 Pita-Brote
- Salz, Pfeffer

---

1) Das Fleisch abwaschen und mit Küchenpapier trocken tupfen. Das Fleisch mit Öl einstreichen mit Salz und Pfeffer einreiben.
2) Die Frühlingszwiebeln waschen. Die Wurzelansätze entfernen und dann in kleine Ringe schneiden.
3) Die Gurke klein schneiden.
4) Den Koriander und die Minze waschen, trocken schütteln und klein hacken.
5) Die Hühnerbrust in einer Pfanne mit heißem Öl 2 Minuten von jeder Seite anbraten.
6) Spinat, Frühlingszwiebeln und Gurke mischen. Die Kräuter dazu geben. Mit Salz und Pfeffer würzen. Joghurt einmischen.
7) Die Pitabrote aufbacken, mit dem Fleisch und dem Gemüse füllen.

Wurstgulasch Landhaus

104 kcal, Kohlenhydrate 3,8 g | Eiweiß 4,5 g | Fett 7,6 g
(Nährwertangaben pro Portion)

Zubereitungszeit:30 min
Portionen:2
Schwierigkeit:Einfach

- 250 g Spiralnudeln
- 1 grüne Paprika
- 100 g weiße Bohnen (Dose)
- 2 Rostbratwürste
- 1 Dose geschälte Tomaten
- 1 Zwiebel
- 1 Knoblauchzehe
- Öl
- Zucker
- Salz, Pfeffer

---

1) Die Nudeln in Salzwasser bissfest kochen. Dann abgießen und abtropfen lassen.
2) Paprika waschen. Gehäuse und Stiel entfernen und in dicke Streifen schneiden.
3) Die Zwiebeln schälen und klein schneiden.
4) Knoblauchzehen schälen und zerdrücken.
5) Die Bratwürste in Scheiben schneiden und in einer Pfanne mit heißem Öl anbraten. Die Paprika, die Zwiebeln und den Knoblauch dazugeben. Die Bohnen und die geschälten Tomaten ebenfalls zugeben. Mit Salz, einer Prise Zucker und Pfeffer würzen.
6) Die Bratwürste mit den Nudeln servieren.

Gorgonzola-Schweinefilet

123 kcal, Kohlenhydrate 4,4 g | Eiweiß 25,4 g | Fett 5,7 g
(Nährwertangaben pro Portion)

Zubereitungszeit:30 min
Portionen:2
Schwierigkeit:Einfach

- 200 g Schweinefilet
- 200 g Spiralnudeln
- 2 Möhren
- 100 g Gorgonzola
- 100 ml Milch
- ¼ Bund Petersilie
- 2 EL Butter
- Salz, Pfeffer

---

1) In einer Pfanne die Butter zerlassen und die Filets von beiden Seiten anbraten. Mit Salz und Pfeffer würzen.
2) Die Nudeln in Salzwasser bissfest kochen. Dann abgießen und abtropfen lassen.
3) Die Petersilie waschen, trocken schütteln und klein hacken.
4) Die Möhren schälen, in kleine Stücke schneiden und in Salzwasser bissfest kochen.
5) Die Möhren in die Nudeln unterrühren.
6) In einen Topf die Milch und den Käse geben und bei mittlerer Hitze zum Schmelzen bringen. Die Petersilie dazu geben. Mit Salz und Pfeffer würzen.
7) Die Filets servieren. Dazu die Möhren und die Nudeln anrichten und die Käsesoße darüber gießen.

Kartoffelsalat und Wiener

153 kcal, Kohlenhydrate 14,0 g | Eiweiß 12,5 g | Fett 35,6 g
(Nährwertangaben pro Portion)

Zubereitungszeit:30 min
Portionen:2
Schwierigkeit:Einfach

- 2 Paar Wiener
- 600 g Kartoffeln
- 1 Schalotte
- ¼ Bund Schnittlauch
- ½ Zwiebel
- 1 EL Weinessig
- Gemüsebrühe
- Senf
- Salz, Pfeffer

---

1) Die Kartoffeln schälen und in kleine Würfel schneiden. Dann in Salzwasser garen, abgießen und abtropfen lassen. Die Kartoffeln in eine gr. Schüssel geben.
2) Schalotten waschen. Die Wurzelenden abschneiden und die Schalotten klein schneiden.
3) Die Gemüsebrühe mit Wasser ansetzen. Sie benötigen ½ Tasse.
4) Die Zwiebel schälen und klein schneiden. Die Zwiebel in heißem Öl andünsten. Mit der Gemüsebrühe ablöschen. Die Mischung zu den Kartoffeln geben. Schnittlauch, den Essig und die Schalotte untermischen. Mit Salz und Pfeffer würzen.
5) Die Würstchen erwärmen und mit dem Kartoffelsalat servieren. Senf dazu reichen.

Hot Dogs

256 kcal, Kohlenhydrate 21,8 g | Eiweiß 7,7 g | Fett 26,1 g
(Nährwertangaben pro Portion)

Zubereitungszeit:20 min
Portionen:2
Schwierigkeit:Einfach

- 2 Wiener Würstchen
- 2 Hot Dog-Brötchen
- ½ Zwiebel
- ½ Tomate
- 1 EL Mais
- 50 Schmelzkäse
- Tomaten-Ketchup
- 2-4 Salatblätter

---

1) Die Zwiebeln schälen und klein schneiden.
2) Tomaten waschen. Stiele entfernen und in kleine Würfel schneiden. Diese in einer Schüssel mit den Zwiebeln vermischen. Den Mais dazu geben.
3) Die Brötchen aufschneiden und zwischen den Hälften den Schmelzkäse einlegen.
4) Die Würstchen erwärmen und dann in die Brötchen einlegen. Die Salatblätter abwaschen, trocken schütteln und in die Hot Dog-Brötchen legen.
5) Die Zwiebel-Tomaten-Mischung in die Brötchen füllen und oben auf etwas Tomaten-Ketchup geben.

Bauernfrühstück

399 kcal, Kohlenhydrate 38,2 g | Eiweiß 13,7 g | Fett 20,6 g
(Nährwertangaben pro Portion)

Zubereitungszeit:30 min
Portionen:2
Schwierigkeit:Einfach

- 400 g Kartoffeln
- 125 g Fleischwurst
- 3 Frühlingszwiebeln
- 4 Eier
- 2 Tomaten
- 50 g Schmand
- ¼ Bund Schnittlauch
- Majoran
- Öl
- Salz, Pfeffer

---

1) Die Kartoffeln gut abwaschen und in Würfel schneiden. Diese dann in einer Pfanne mit heißem Öl anbraten.
2) Die Fleischwurst in kleine Würfelchen schneiden. Tomaten waschen. Stiele entfernen und in etwa 3 mm dicke Scheiben schneiden. Den Schnittlauch waschen, trocken schütteln und klein hacken. Die Frühlingszwiebeln waschen. Die Wurzelansätze entfernen und dann in kleine Ringe schneiden.
3) Alle Zutaten zu den Kartoffeln geben. Gut umrühren
4) Die Eier aufschlagen und in einer kl. Schüssel mit Salz, Pfeffer und Majoran würzen. Den Schmand einrühren. Die Eimischung auf die Kartoffeln gießen, umrühren, braten bis das Ei fest ist. Bei Bedarf nachwürzen. Das Bauernfrühstück warm servieren.

Sauerkrautsuppe

119 kcal, Kohlenhydrate 5,6 g | Eiweiß 8,4 g | Fett 3,6 g
(Nährwertangaben pro Portion)

Zubereitungszeit:40 min
Portionen:2
Schwierigkeit:Einfach

- 125 g Sauerkraut
- 75 g Räucherspeck
- 75 g Kassler
- 1 Zwiebel
- 75 g Kabanos
- Fleischbrühe
- 1 EL Butter
- Salz, Pfeffer

---

1) Den Speck, den Kassler und die Kabanos in kleine Würfelchen schneiden.
2) Die Zwiebeln schälen und klein schneiden.
3) Die Fleischbrühe mit 350 ml Wasser ansetzen.
4) Den Speck anbraten. Die Zwiebel dazu geben. Sobald diese glasig sind, mit der Fleischbrühe ablöschen. Die Mischung aufkochen. Den Kassler und das Sauerkraut hinzugeben.
5) Die Pfanne abdecken und bei mittlerer Hitze alles eine halbe Stunde lang köcheln lassen.
6) Die Kabanos in die Suppe geben. Mit Salz und Pfeffer würzen. Abschmecken, evtl. nachwürzen und dann servieren. Baguette dazu reichen. Wer mag, kann das Baguette auch mit Käse überbacken.

Entenbrust à-l-Orange

397 kcal, Kohlenhydrate 0,4 g | Eiweiß 16,2 g | Fett 10,1 g
(Nährwertangaben pro Portion)

Zubereitungszeit:50 min
Portionen:2
Schwierigkeit:Einfach

- 2 Entenbrustfilets
- 3 Orangen
- Kapern
- 2 cl Orangenlikör
- Balsamicoessig
- 3 EL Olivenöl
- bunter Salat
- Senf
- Meersalz
- Pfeffer

---

1) Das Fleisch abwaschen und mit Küchenpapier trocken tupfen. Die Haut einschneiden. Die Entenbrust mit Meersalz und Pfeffer einreiben.
2) Den Backofen auf 200 Grad vorheizen.
3) Die Orangen schälen.
4) In einer Pfanne mit heißem Öl die Entenbrust 5 – 8 Minuten scharf anbraten. Dann die Entenbrust in einen Bräter legen und für 20 Minuten in den Backofen schieben.
5) Das Olivenöl mit dem Balsamico und Senf vermischen. Die Kapern und Meersalz hinzufügen. Nun geben Sie die Orangenstückchen und den Orangenlikör hinzu. Alles gut durchmischen. Mit Salz und Pfeffer würzen.
6) Die Entenbrust mit Salat servieren. Das Dressing dazu geben.

Maishuhn

166 kcal, Kohlenhydrate 0,2 g | Eiweiß 19,9 g | Fett 9,6 g
(Nährwertangaben pro Portion)

Zubereitungszeit:40 min
Portionen:2
Schwierigkeit:Einfach

- 2 Maishuhnschenkel
- 2 Knoblauchzehen
- 3 Stiele Basilikum
- 1 Stiel Rosmarin
- 1 Tomate
- 12 Oliven
- Olivenöl
- Curry
- Paprika
- Salz, Pfeffer

---

1) Ein Maishuhn ist ein mit Mais gefüttertes Hühnchen. Das ist in Frankreich sehr bekannt.
2) Knoblauchzehen schälen und klein schneiden.
3) Den Basilikum und Rosmarin waschen, trocken schütteln und klein hacken.
4) Tomaten waschen. Stiele entfernen und klein würfeln.
5) Die Oliven klein schneiden.
6) Das Huhn mit Olivenöl einreiben und dann mit Salz, Pfeffer, Curry und Paprika.
7) Die Tomatenwürfel mit den Kräutern, dem Knoblauch und dem Olivenöl mischen. Gut ziehen lassen. Die Soße aufkochen lassen.
8) Die Hähnchen eine halbe Stunde scharf anbraten und dann servieren. Mit der Soße garnieren. Klöße und Salat dazu reichen.

Mariniertes Lammkotelett

456 kcal, Kohlenhydrate 3,3 g | Eiweiß 29,1 g | Fett 19,1 g
(Nährwertangaben pro Portion)

Zubereitungszeit:30 min (+3 h)
Portionen:2
Schwierigkeit:Einfach

- 2 gr. Lammkoteletts
- 250 g Rosenkohl
- 50 g Bauchspeck
- ½ EL Butter
- 2 Knoblauchzehen
- Rosmarin
- Estragon
- Senf
- Olivenöl
- Salz, Pfeffer

---

1) Den Rosmarin und den Estragon waschen, trocken schütteln und klein hacken.
2) Den Rosenkohl putzen.
3) Die Kräuter mit dem Knoblauch vermengen. Senf, Pfeffer und Öl zugeben. Alles gut durchmischen und damit die Koteletts einreiben. Dann das Fleisch 3 Stunden ruhen lassen.
4) Das Fleisch in einer Pfanne mit heißem Öl 10 Minuten braten.
5) Den Bauchspeck klein schneiden und in einem Topf dünsten. Den Rosenkohl dazugeben. Mit Salz und Pfeffer würzen. Den Kohl garen. Abschmecken und evtl. nachwürzen. Die Butter unterrühren.
6) Die Koteletts mit dem Rosenkohl servieren.

Lammschulter

151 kcal, Kohlenhydrate 0,1 g | Eiweiß 19 g | Fett 4,6 g
(Nährwertangaben pro Portion)

Zubereitungszeit:4 h 20 min
Portionen:2
Schwierigkeit:Einfach

- 750 g Lammschulter
- 2 Knoblauchzehen
- 2 ½ Lorbeerblätter
- 1 Stiel Thymian
- 250 ml Bier
- 1 EL Butter
- Meersalz
- Pfeffer

---

1) Die Lammschulter mit dem Meersalz und dem Pfeffer einreiben. Das Fleisch an vier Stellen einstechen.
2) Knoblauchzehen schälen und halbieren. Die halben Knoblauchzehen in die Einschnitte stecken.
3) Mit einem Fleischerbeil die Lammschulter zerkleinern. Sie können das auch zuvor vom Fleischer machen lassen. Danach das Fleisch in einen Bräter legen. Das Olivenöl dazu geben. Das Lamm kurz und scharf anbraten.
4) Den Thymian klein hacken.
5) Das Bier über das Fleisch gießen. Die Butter in kleinen Flöckchen auf dem Lamm verteilen. Den Thymian darüber streuen.
6) Das Lamm in der Backröhre 4 Stunden köcheln und dann servieren. Semmelknödel und Rohkostsalat dazu reichen.

Ochsenschwanzsuppe

133 kcal, Kohlenhydrate 3,5 g | Eiweiß 11,3 g | Fett 7,8 g
(Nährwertangaben pro Portion)

Zubereitungszeit:3h 15 min
Portionen:2
Schwierigkeit:Einfach

- 200 g Ochsenschwanz
- ½ Möhre
- ½ Zwiebel
- 1 ½ Chili
- 1 Tomate
- Gemüsebrühe
- 1 El Tomatenmark
- Olivenöl
- 1 Lorbeerblatt
- Salz, Pfeffer

---

1) Die Möhren schälen, in kleine Stücke schneiden und in Salzwasser bissfest kochen. Die Zwiebeln schälen und klein schneiden. Tomaten waschen. Stiele entfernen und in etwa 3 mm dicke Scheiben schneiden. Die Chili in kleine Stücke schneiden.
2) Die Gemüsebrühe mit 500 ml Wasser ansetzen.
3) Das Fleisch in Stücke schneiden. Das können Sie auch vom Metzger machen lassen.
4) Öl in einem Topf erhitzen. Das Fleisch, die Tomaten- und Möhrenstücke dazu geben und alles scharf anbraten. Mit der Brühe ablöschen. Die Chili, das Tomatenmark und den Lorbeer dazu geben. Mit Salz und Pfeffer würzen. Alles 3 Stunden köcheln lassen und dann servieren.

Steak-Bohnenpfanne

560 kcal, Kohlenhydrate 5,1 g | Eiweiß 2,8 g | Fett 0,4 g
(Nährwertangaben pro Portion)

Zubereitungszeit:25 min
Portionen:2
Schwierigkeit:Einfach

- 2 Rindersteaks
- 200 g grüne Bohnen (Tk)
- 1 Dose weiße Bohnen
- 1 Paprika
- 1 rote Zwiebel
- Bohnenkraut
- Gemüsebrühe
- Salz, Pfeffer

---

1) Paprika waschen. Gehäuse und Stiel entfernen und in dicke Streifen schneiden. Die Zwiebeln schälen und klein schneiden.
2) Das Bohnenkraut waschen, trocken schütteln und klein hacken.
3) Die Gemüsebrühe mit 50 ml Wasser ansetzen.
4) Die weißen Bohnen abspülen und in einem Sieb abtropfen lassen.
5) Das Fleisch abwaschen und mit Küchenpapier trocken tupfen.
6) Die Gemüsebrühe in einen Topf geben und darin die Bohnen garen (10 min).
7) Die Zwiebel und die Paprika in heißem Öl andünsten. Die Bohnen dazu geben und 2 Minuten mitdünsten. Mit Wasser ablöschen. Mit Salz und Pfeffer würzen.
8) Die Steaks mit etwas Öl scharf anbraten und servieren. Das Gemüse dazu reichen.

Putenbrust mit Spargel

106 kcal, Kohlenhydrate 0,3 g | Eiweiß 2,3 g | Fett 0,3 g
(Nährwertangaben pro Portion)

Zubereitungszeit:40 min
Portionen:2
Schwierigkeit:Einfach

- 250 g Putenbrust
- 200 g Spargel, weiß
- 175 g Spargel, grün
- ½ Kohlrabi
- ½ Zwiebel
- ½ Bund Möhren
- ½ Bund Petersilie
- Öl
- Gemüsebrühe Salz, Pfeffer

---

1) Die Zwiebeln, den Kohlrabi und die Möhren klein schneiden. Die Petersilie klein hacken. Die Brühe mit 350 ml Wasser ansetzen.
2) Den Spargel schälen und klein schneiden.
3) Das Öl in einem Topf heiß machen. Das Fleisch hineingeben und von beiden Seiten anbraten. Zwiebel dazu geben. Danach beides aus dem Topf nehmen.
4) Den Bratsud ablöschen. Zuerst den weißen Spargel hineingeben. 5 min später den grünen. Beides köcheln lassen.
5) Möhren und Kohlrabi dazu geben und garen bis es bissfest ist. Dann das Fleisch mit den Zwiebeln in den Topf geben und erhitzen. Zum Schluss die Kräuter aufstreuen und alles servieren. Fladenbrot oder Baguette dazu reichen.

Zwiebelsuppe mit Schinken

150 kcal, Kohlenhydrate 3,3 g | Eiweiß 1,5 g | Fett 0,7 g
(Nährwertangaben pro Portion)

Zubereitungszeit:30 min
Portionen:2
Schwierigkeit:Einfach

- 350 g Zwiebeln
- 60 g Schinken
- 175 g Kirschtomaten
- 6 Blätter Basilikum
- 15 g Butter
- Parmesan gerieben
- Hühnerbrühe
- Zucker
- Öl
- Salz, Pfeffer

---

1) Die Zwiebeln schälen und klein schneiden. Tomaten waschen. Stiele entfernen und vierteln. Die Brühe mit 600 ml Wasser ansetzen. Den Schinken klein würfeln. Den Basilikum waschen, trocken schütteln und klein hacken.
2) Den Schinken in heißem Öl 3 – 6 Minuten andünsten. Zwiebeln, Butter, Salz und eine Prise Zucker hinzugeben. Alles gut mischen.
3) Sobald die Zwiebeln goldbraun sind, mit der Brühe ablöschen.
4) Den Basilikum hinzugeben. Abschmecken und evtl. nachwürzen.
5) Anschließend servieren. Auf die Suppe den Parmesan aufstreuen.

Blumenkohlcremesuppe

306 kcal, Kohlenhydrate 8,8 g | Eiweiß 2,3 g | Fett 11,1 g
(Nährwertangaben pro Portion)

Zubereitungszeit:35 min
Portionen:2
Schwierigkeit:Einfach

- 1,5 kg Blumenkohl
- ½ Zwiebel
- 3 Scheiben Frühstücksspeck
- ¼ Bund Schnittlauch
- 100 ml Milch
- 40 g Schlagsahne
- Gemüsebrühe
- Muskat
- Butter
- Salz, Pfeffer

---

1) Den Blumenkohl in kleine Röschen teilen. Die Zwiebeln klein schneiden. Den Schnittlauch klein hacken. Die Gemüsebrühe mit 200 ml Wasser ansetzen. Den Speck in kleine Würfel schneiden.
2) Die Zwiebel in heißem Öl andünsten. Mit der Brühe ablöschen. Milch hinzufügen. Blumenkohl dazu geben (zwei Röschen aufheben) und eine viertel Stunde köcheln lassen.
3) Die zwei Blumenkohlröschen in dünne Scheiben schneiden.
4) Die Butter erhitzen. Den Speck dazu geben. Die Kohlscheiben anbraten und würzen.
5) Mit Salz und Pfeffer würzen. Die Blumenkohlsuppe pürieren. Die Sahne unterheben.
6) Die Suppe servieren. Den Schnittlauch, den Speck und den gebratenen Blumenkohl in die Suppe geben.

Kohlrabiauflauf

129 kcal, Kohlenhydrate 34,2 g | Eiweiß 18,1 g | Fett 17,4 g
(Nährwertangaben pro Portion)

Zubereitungszeit:50 min
Portionen:2
Schwierigkeit:Einfach

- 500 g Kohlrabi
- 100 g Kochschinken
- 1 TL Butter
- 2 Eier
- Muskat
- Salz, Pfeffer

---

1) Den Kohlrabi schälen und in kleine Stückchen schneiden. Den Kochschinken würfeln.
2) Den Kohlrabi in einem Topf mit Salzwasser 10 – 15 Minuten garen bis er bissfest ist. Abgießen und zur Seite stellen.
3) Den Backofen auf 160 Grad vorheizen.
4) Die Eier aufschlagen, verquirlen und mit Muskat, Salz und Pfeffer würzen.
5) Eine Auflaufform fetten. Kohlrabi und Schinken abwechselnd einfüllen. Die Eimischung darüber gießen. Alles eine halbe Stunde bei 160 Grad backen und dann servieren.

Leichter Hackbraten

77 kcal, Kohlenhydrate 1,3 g | Eiweiß 20,1 g | Fett 0,3 g
(Nährwertangaben pro Portion)

Zubereitungszeit:80 min
Portionen:2
Schwierigkeit:Einfach

- 300 g Rinderhack
- 1 Zwiebel
- 1 Lauchstange
- 70 g Magerquark
- ½ TL Senf
- ½ TL Majoran
- ½ Bund Petersilie
- Salz, Pfeffer

---

1) Die Zwiebeln schälen und klein schneiden. Die Lauchzwiebeln waschen. Die Wurzelansätze entfernen und dann die Lauchzwiebeln in kleine Ringe schneiden. Die Petersilie waschen, trocken schütteln und klein hacken.
2) Den Backofen auf 160 Grad vorheizen.
3) Den Lauch in einem Topf mit Salzwasser 10 Minuten dünsten. Danach abgießen und abtropfen lassen.
4) Das Hackfleisch mit den Zwiebeln, dem Lauch, der Petersilie mischen. Senf und Majoran zugeben. Mit Salz und Pfeffer würzen. Gut durchmischen.
5) Die Hackfleischmischung in eine Kastenform füllen und im Backofen eine Stunde backen. Dann servieren. Salat und Rosmarinkartoffeln dazu reichen.

Corned Beef light

115 kcal, Kohlenhydrate 11,8 g | Eiweiß 7,2 g | Fett 25,4 g
(Nährwertangaben pro Portion)

Zubereitungszeit:40 min
Portionen:2
Schwierigkeit:Einfach

- 200 g Corned Beef
- 100 g Käse (leicht)
- 8 Gewürzgurken (Glas)
- 2 TL Senf
- 2 TL Essig
- 1 Zwiebel
- Öl
- Nudeln
- Kopfsalat
- Salz, Pfeffer

---

1) Den Käse reiben. Sie können auch bereits geriebenen Käse verwenden. Die Gewürzgurken klein schneiden.
2) Das Corned Beef in Würfel schneiden und in eine Schüssel geben. Den Käse und die Gurken dazu geben. Alles gut durchmischen. Senf, Essig und die Zwiebeln einmischen. Mit Salz und Pfeffer würzen.
3) Die Nudeln in Salzwasser bissfest kochen. Dann abgießen und abtropfen lassen.
4) Den Kopfsalat putzen und klein schneiden. Dann den Salat in eine große Schüssel geben. Mit 1 TL Essig, etwas Öl, Salz und Pfeffer würzen. Gut durchmischen.
5) Corned Beef-Salat mit den Nudeln und dem Kopfsalat servieren.

Geflügelmix

438 kcal, Kohlenhydrate 15 g | Eiweiß 7,7 g | Fett 3 g
(Nährwertangaben pro Portion)

Zubereitungszeit:35 min
Portionen:2
Schwierigkeit:Einfach

- 100 g Putenfleisch
- 100 g Hühnchenfleisch
- 2 Paprika, rot
- 2 Möhren
- Gemüsebrühe
- Paprikapulver, edelsüß
- Oregano
- Öl
- Salz, Pfeffer

---

1) Das Fleisch abwaschen und mit Küchenpapier trocken tupfen. Dann in große Stücke schneiden.
2) Paprika waschen. Gehäuse und Stiel entfernen und in dicke Streifen schneiden. Die Möhren schälen, in kleine Stücke schneiden und in Salzwasser bissfest kochen. Den Oregano waschen, trocken schütteln und klein hacken. Die Gemüsebrühe mit 500 ml Wasser ansetzen.
3) In einer Pfanne mit heißem Öl das Fleisch anbraten. Mit der Gemüsebrühe ablöschen und 12 – 14 Minuten köcheln lassen.
4) Das Gemüse in heißem Öl scharf andünsten und dann in die Pfanne mit dem Fleisch geben. Mit Salz, Paprikapulver und Pfeffer würzen. Den Oregano dazu geben. Noch 10 Minuten köcheln lassen und dann servieren. Reis dazu reichen.

Lende mit Meerrettich

107 kcal, Kohlenhydrate 9 g | Eiweiß 23 g | Fett 18 g
(Nährwertangaben pro Portion)

Zubereitungszeit:35 min
Portionen:2
Schwierigkeit:Einfach

- 150 g Lendensteak
- 10 g Paniermehl
- 1 TL Meerrettich gerieben
- 30 g Gouda
- ½ Bund Petersilie
- Zitronensaft
- Öl
- Salz, Pfeffer

---

1) Den Käse reiben.
2) Die Petersilie waschen, trocken schütteln und klein hacken.
3) Das Paniermehl mit dem Käse, dem Zitronensaft, Öl und Petersilie mischen.
4) Den Backofen auf 180 Grad vorheizen.
5) Das Steak mit Salz und Pfeffer einreiben und dann in einer Pfanne mit heißem Öl kräftig anbraten.
6) Danach das Steak in eine ofenfeste Form legen. Die Paniermischung auf das Steak auftragen. Danach das Steak im Backofen 10 Minuten backen und heiß servieren.
7) Zum Lendensteak Kartoffelbrei und Mischgemüse reichen.

Medaillons „al forno"

149 kcal, Kohlenhydrate 8 g | Eiweiß 19 g | Fett 43 g
(Nährwertangaben pro Portion)

Zubereitungszeit:45 min
Portionen:2
Schwierigkeit:Einfach

- 320 g Kartoffeln
- 100 g Schweinefilet
- 1 Zucchini
- 1 Tomate
- 60 g Mozzarella
- Gemüsebrühe
- Olivenöl
- Oregano
- Salz, Pfeffer

---

1) Die Kartoffeln schälen und in kleine Würfel schneiden. Zucchini schälen, halbieren und das Gehäuse entfernen. Tomaten waschen. Stiele entfernen und in etwa 3 mm dicke Scheiben schneiden. Den Oregano (1/2 Bund) waschen, trocken schütteln und klein hacken. Die Gemüsebrühe mit 50 ml Wasser ansetzen.
2) Die Zucchini von allen Seiten anbraten und beiseitestellen.
3) Das Filet mit Salz und Pfeffer würzen und in einer Pfanne mit heißem Öl scharf anbraten. Dann in eine Backform geben und die Gemüsebrühe dazu gießen.
4) Die Zucchini in die Form legen, ebenso die Tomate, die Kartoffeln und den Käse. Mit Salz, Oregano und Pfeffer würzen, 20 Minuten backen und dann servieren.

Hühnerhaxerl

118 kcal, Kohlenhydrate 0,3 g | Eiweiß 18,4 g | Fett 10,7 g
(Nährwertangaben pro Portion)

Zubereitungszeit:55 min
Portionen:2
Schwierigkeit:Einfach

- 2 Hühnerkeulen
- ½ Zwiebel
- 50 g Sellerie
- 2 Paradiesäpfel
- ¼ Bund Petersilie
- Mehl
- Öl
- Salz, Pfeffer

---

1) Die Zwiebeln schälen und klein schneiden. Den Sellerie schälen und klein schneiden. Die Äpfel schälen und klein schneiden. Die Petersilie waschen, trocken schütteln und klein hacken.
2) Die Hühnerkeulen mit Salz und Pfeffer einreiben und in einer Pfanne mit heißem Öl anbraten. Die Zwiebel und den Sellerie in die Pfanne geben und mitbraten.
3) Die Apfelstücke in Salzwasser ankochen, abgießen, abtropfen lassen und dann zu den Hühnerkeulen geben. Die Hitzezugabe herunter drehen und die Keulen 40 Minuten köcheln lassen. Petersilie dazugeben und dann servieren. Kartoffeln und Rotkraut passt gut dazu.

Pute exotisch

167 kcal, Kohlenhydrate 10,2 g | Eiweiß 8,3 g | Fett 10,1 g
(Nährwertangaben pro Portion)

Zubereitungszeit:40 min
Portionen:2
Schwierigkeit:Einfach

- 250 g Putenfleisch
- 30 ml Joghurt
- 2 Zwiebeln
- Zitronensaft
- Mango-Chutney
- Currypaste
- Öl
- Salz, Pfeffer

---

1) Die Zwiebeln schälen und klein schneiden. Die Zitrone aufschneiden und auspressen.
2) Das Putenfleisch mit Salz und Pfeffer einreiben und in einer Pfanne mit heißem Öl durchbraten. Kalt werden lassen und dann in Streifen schneiden.
3) Die Zwiebeln mit dem Joghurt und dem Chutney mischen. Die Currypaste dazugeben. Zitronensaft, Salz und Pfeffer einrühren. Abschmecken.
4) Das Putenfleisch in eine Schüssel geben. Die Zwiebel-Soße dazugeben und unterrühren. Dann servieren. Dazu einen frischen Salat und Rosmarinkartoffeln reichen.

Putenkeule Kassler Art

112 kcal, Kohlenhydrate 0,3 g | Eiweiß 20,5 g | Fett 3,6 g
(Nährwertangaben pro Portion)

Zubereitungszeit:130 min
Portionen:2
Schwierigkeit:Einfach

- ½ Putenkeule (gepökelt)
- 1 Zwiebel
- 1 Lorbeerblatt
- ½ TL Wacholderblätter
- ½ TL Pfefferkörner
- 1 EL Stärke

---

1) Den Backofen auf 120 Grad vorheizen.
2) Die Zwiebeln schälen und klein schneiden.
3) Die Putenkeule in einen Bräter legen. 500 ml Wasser dazu gießen. Die Zwiebelstückchen, den Lorbeer, die Pfefferkörner dazu geben. Alles im Backofen bei nur 120 Grad 2 ½ h leicht schmoren lassen.
4) Mit der Stärke etwas von dem Bratensud binden.
5) Die Putenkeule servieren. Die Soße über die Keule gießen. Dazu Klöße anbieten.

Venedische Leber

139 kcal, Kohlenhydrate 3,0 g | Eiweiß 26 g | Fett 0,7 g
(Nährwertangaben pro Portion)

Zubereitungszeit:10 min
Portionen:2
Schwierigkeit:Einfach

- 500 g Kalbsleber
- 3 Zwiebeln
- ½ Bund Petersilie
- 4 Stiele Salbei
- Öl
- 1 El Butter
- 125 ml Weißwein

---

1) Die Leber abwaschen, mit Küchenpapier trocken tupfen und dann in dicke Scheiben schneiden.
2) Die Zwiebeln schälen und klein schneiden.
3) Die Petersilie waschen, trocken schütteln und klein hacken. Den Salbei waschen und trocken schütteln.
4) Die Leber in heißem Öl 2 Minuten anbraten. Herausnehmen und im Backofen warm halten.
5) Die Zwiebel in heißem Öl andünsten. Mit Wein ablöschen. Die Flüssigkeit köcheln lassen. Petersilie und Leber zugeben. Mit Salz und Pfeffer würzen.
6) In einer weiteren Pfanne die Butter zerlassen und die Salbeiblätter darin anbraten und dann zur Leber geben. Kurz köcheln lassen und dann servieren. Kartoffelbrei oder Polenta dazu servieren.

Zitronenhuhn

538 kcal, Kohlenhydrate 19,9 g | Eiweiß 6,5 g | Fett 7,2 g
(Nährwertangaben pro Portion)

Zubereitungszeit:45 min
Portionen:2
Schwierigkeit:Einfach

- ½ Huhn
- 1 Bio-Zitrone
- Salz
- Pfeffer

---

1) Die Zitrone heiß abwaschen. Die Schale dann abreiben.
2) Den Abrieb mit Salz und Pfeffer mischen und damit das Huhn einreiben. Die Zitrone in Viertel teilen und in das Huhn legen. Die offene Seite des Huhns zubinden.
3) Das Huhn in einen Bräter legen und im Backofen von jeder Seite 20 min anbraten.
4) Das Huhn aus dem Backofen nehmen, tranchieren und servieren.
5) Reis und Backgemüse dazu reichen.

Lammrack mediteran

509 kcal, Kohlenhydrate 0,02 g | Eiweiß 24,2 g | Fett 20,7 g
(Nährwertangaben pro Portion)

Zubereitungszeit:35 min
Portionen:2
Schwierigkeit:Einfach

- 8 Lammkoteletts
- 4 Kartoffeln
- 1 Schalotte
- 2 Paprika
- 1 Zucchini
- 100 g schwarze Oliven
- Thymian
- Rosmarin
- Senf
- Salz, Pfeffer

---

1) Das Gemüse putzen und klein würfeln. Die Oliven entkernen und klein schneiden. Den Thymian und Rosmarin waschen, trocken schütteln und klein hacken.
2) Den Backofen auf 220 Grad vorheizen.
3) Die Kartoffeln in einer Pfanne mit etwas Öl anbraten. Mit Salz und Pfeffer würzen. Die Schalotte, Paprika und Zucchini und die Kräuter dazu geben. Mit 200 ml Wasser ablöschen und 15 Minuten köcheln lassen.
4) Die Oliven dazu geben und alles 7 – 10 Minuten köcheln lassen.
5) Die Koteletts mit Senf bestreichen. Darüber Pfeffer geben und dann je 4 Minuten von beiden Seiten im Backofen grillen.
6) Die Koteletts mit dem Gemüse servieren.

Scharfes Rindercurry

223 kcal, Kohlenhydrate 3,6 g | Eiweiß 14 g | Fett 3,5 g
(Nährwertangaben pro Portion)

Zubereitungszeit:140 min
Portionen:2
Schwierigkeit:Einfach

- 500 g Rindergulasch
- 1 EL Butterschmalz
- 2 Zwiebeln
- 1 Knoblauchzehe
- 1 TL Tomatenmark
- 1 TL Curry-Paste
- ¼ Bund Petersilie
- Salz, Pfeffer

---

1) Die Zwiebeln schälen und klein schneiden. Knoblauchzehen schälen und klein schneiden. Die Petersilie waschen, trocken schütteln und klein hacken.
2) Das Butterschmalz in einer Pfanne erhitzen. Das Fleisch darin anbraten. Zwiebel und Knoblauch dazu geben und mit anbraten. Tomatenmark und Currypaste mit einrühren. 300 ml Wasser dazu geben. Alles gut mischen. Mit Salz und Pfeffer würzen. Deckel aufsetzen und alles 2 Stunden köcheln lassen.
3) Das Gulasch abschmecken und evtl. nachwürzen. Dann das Gulasch servieren. Reis oder Nudeln dazu geben.

Leber mit Kirschen

70 kcal, Kohlenhydrate 3,8 g | Eiweiß 26,1 g | Fett 4,4 g
(Nährwertangaben pro Portion)

Zubereitungszeit:2h 20 min
Portionen:2
Schwierigkeit:Einfach

- 400 g Kalbsleber
- 300 g Kirschen
- 2 Zwiebeln
- 200 ml Milch
- 4 EL Butter
- Ingwer
- 4 EL Rotweingelee
- Zucker
- Mehl
- Salz, Pfeffer

---

1) Die Zwiebeln schälen und klein schneiden. Die Kirschen waschen. Die Stiele entfernen. Die Kirschen entsteinen. Den Ingwer schälen und in kleine Stückchen schneiden.
2) Die Leber in Stücke schneiden und in eine Schüssel mit der Milch legen. 3 Stunden ziehen lassen.
3) Die Zwiebeln und die Kirschen in heißem Öl andünsten. Das Rotweingelee und den Ingwer dazu geben. Die Mischung 12 Minuten kochen lassen. Mit Salz, Zucker und Pfeffer würzen.
4) Die Leber aus der Milch nehmen, in Mehl wälzen. 1 EL Butter in einer Pfanne erhitzen und sobald die Butter zerlaufen ist, die Leber hineingeben und 3 Minuten braten. Die Zwiebel-Kirsch-Mischung dazu geben. Mit Salz, Zucker, Pfeffer würzen und dann servieren. Baguette dazu reichen.

Kaninchenschmorbraten

640 kcal, Kohlenhydrate 0,1 g | Eiweiß 27,4 g | Fett 8,5 g
(Nährwertangaben pro Portion)

Zubereitungszeit:110 min
Portionen:2
Schwierigkeit:Einfach

- ½ Kaninchen (Küchenfertig)
- 200 g Tomaten
- 1 Paprika, grün
- ½ Zwiebel
- 2 EL Mehl
- 1 ½ EL Essig
- 2 Stiele Petersilie
- Zucker
- Salz, Pfeffer

---

1) Tomaten waschen. Stiele entfernen und in etwa 3 mm dicke Scheiben schneiden. Die Zwiebeln schälen und klein schneiden. Die Petersilie waschen, trocken schütteln und klein hacken.
2) Kaninchen in große Stücke schneiden.
3) Die Zwiebel in einem großen Topf mit heißem Öl andünsten. Die Kaninchenstücke dazu geben. Mit Salz und Pfeffer würzen. Essig über das Fleisch gießen. Die Tomaten und den Zucker dazu geben. Topf zudecken und alles etwa eine Stunde köcheln lassen.
4) Nach dieser Zeit die Paprika dazu geben und alles noch einmal eine halbe Stunde köcheln lassen. Dann servieren und mit der Petersilie bestreuen. Klöße dazu reichen. Rotkraut passt ebenfalls sehr gut zu diesem Gericht.

Hirsch mit Pflaumen

590 kcal, Kohlenhydrate 6,0 g | Eiweiß 12,4 g | Fett 5,1 g
(Nährwertangaben pro Portion)

Zubereitungszeit:20 min
Portionen:2
Schwierigkeit:Einfach

- 350 g Hirschsteaks
- 20 g Butter
- 1 TL Wacholderbeeren
- 200 g Pflaumen
- 1 El Slivowitz
- 1 EL Preiselbeergelee
- Sahne
- Salz, Pfeffer

---

1) Die Steaks mit Salz und Pfeffer einreiben. In einer Pfanne die Butter zerlassen und darin den Hirsch anbraten. Die Wacholderbeeren zerdrücken und zu dem Hirsch geben. Das Filet 5 Minuten kräftig braten.
2) Das Filet aus der Pfanne nehmen und im Backofen warm stellen.
3) Die Pflaumen in die Pfanne geben, erhitzen und mit dem Slivowitz ablöschen. Das Preiselbeergelee und die Sahne dazu geben. Das Gemisch kurz aufkochen und es dann über die Steaks geben. Diese so servieren.

Blumenkohl-Hack

187 kcal, Kohlenhydrate 4,5 g | Eiweiß 8,0 g | Fett 9,6 g
(Nährwertangaben pro Portion)

Zubereitungszeit:45 min
Portionen:2
Schwierigkeit:Einfach

- ½ Blumenkohl
- 200 g Hackfleisch
- ½ Stück Sahnekäse
- 20 g Mehl
- 20 g Margarine
- 100 ml Sahne
- 100 ml Milch
- Muskat
- Salz, Pfeffer

---

1) Die Gemüsebrühe mit 125 ml Wasser ansetzen. Den Blumenkohl von Blättern befreien. Den Strunk abschneiden und den Kohl in kleine Röschen teilen. Diese dann in einem Topf mit Salzwasser kochen bis sie gar sind. Dann abgießen, abtropfen und die Röschen in eine gefettete Auflaufform geben.
2) Den Backofen auf 220 Grad vorheizen.
3) Das Hackfleisch anbraten und dann in die Auflaufform füllen. Mit Salz, Muskat und Pfeffer würzen.
4) Die Magarine zerlassen und Mehl, die Milch und die Sahne dazu geben. Alles gut mischen und dann in die Auflaufform schütten.
5) Den Käse über das Fleisch geben.
6) Alles dann eine viertel Stunde lang backen und dann servieren.

Tamdori-Hähnchen

137 kcal, Kohlenhydrate 0,9 g | Eiweiß 19,7 g | Fett 1,3 g
(Nährwertangaben pro Portion)

Zubereitungszeit:2h 40 min
Portionen:2
Schwierigkeit:Einfach

- 600 g Hähnchen

- 5 EL Tandori-Paste
- 150 g Magerjoghurt
- 250 g Basmatireis

---

1) Kochen Sie den Reis 18 – 25 Minuten in Salzwasser bis er gar ist. Gießen Sie ihn danach ab und lassen Sie ihn abtropfen.
2) Das Fleisch abwaschen und mit Küchenpapier trocken tupfen. Die Filets dann in Streifen schneiden und in eine Auflaufform legen.
3) Die Tandori-Paste mit dem Joghurt vermischen. Das Fleisch mit der Marinade belegen. Das Fleisch zur Seite stellen und so die Paste 2 Stunden lang einziehen lassen.
4) Den Backofen auf 200 Grad vorheizen.
5) Das Hähnchen in den Backofen stellen und eine halbe Stunde lang garen.
6) Das Hähnchen servieren. Den Reis dazu reichen. Etwas vom Sud auf die Teller geben.

www.ingramcontent.com/pod-product-compliance
Ingram Content Group UK Ltd.
Pitfield, Milton Keynes, MK11 3LW, UK
UKHW051132260726
13967UKWH00010B/3003